SUCRÉES ET SALÉES À L'ÉCHELLE MONDIALE

BEIGNETS DE FRUITS, DE LÉGUMES, DE VIANDE ET DE FRUITS DE MER

ARNAUD LAURENT

Avertissement

Les informations contenues dans cet eBook sont destinées à servir de collection complète de stratégies sur lesquelles l'auteur de cet eBook a effectué des recherches. Les résumés, stratégies, trucs et astuces ne sont que des recommandations de l'auteur, et la lecture de cet eBook ne garantit pas que ses résultats refléteront exactement les résultats de l'auteur. L'auteur de l'eBook a fait tous les efforts raisonnables pour fournir des informations actuelles et précises aux lecteurs de l'eBook. L'auteur et ses associés ne sauraient être tenus responsables des erreurs ou omissions involontaires qui pourraient être constatées. Le contenu de l'eBook peut inclure des informations provenant de tiers. Les documents de tiers comprennent les opinions exprimées par leurs propriétaires. En tant que tel, l'auteur de l'eBook n'assume aucune responsabilité pour tout matériel ou opinion de tiers.

TABLE DES MATIÈRES

FRITTERS DE VIANDE ET DE FRUITS DE MER 175

BEIGNETS AU FROMAGE ET AUX PRODUITS LAITIERS 246

Avertissement

Les informations contenues sont destinées à servir de collection complète de stratégies sur lesquelles l'auteur de cet eBook a effectué des recherches. Les résumés, stratégies, trucs et astuces ne sont que des recommandations de l'auteur, et la lecture de cet eBook ne garantit pas que ses résultats refléteront exactement les résultats de l'auteur. L'auteur de l'eBook a fait tous les efforts raisonnables pour fournir des informations actuelles et précises aux lecteurs de l'eBook. L'auteur et ses associés ne sauraient être tenus responsables des erreurs ou omissions involontaires qui pourraient être constatées. Le contenu de l'eBook peut inclure des informations provenant de tiers. Les documents de tiers comprennent les opinions exprimées par leurs propriétaires. En tant que tel, l'auteur de l'eBook n'assume aucune responsabilité pour tout matériel ou opinion de tiers.

INTRODUCTION

Par définition, les beignets sont essentiellement des aliments frits classés en trois grandes catégories :

- Gâteaux frits de pâte de Chou ou d'une pâte à levure.
- Morceaux de viande, fruits de mer, légumes ou fruits enrobés d'une pâte et frits.
- Petits gâteaux d'aliments hachés dans la pâte, tels que des beignets de maïs.

Les beignets sont un aliment extrêmement polyvalent. Ils peuvent être un plat d'accompagnement, un apéritif, une collation ou un dessert. Ils ont été initialement introduits au Japon au 16ème siècle et ont été de plus en plus populaires au cours de cette décennie.

Conseils de base pour commencer

1. N'ayez pas peur du pétrole. Assurez-vous d'en ajouter suffisamment dans la poêle, car cela aidera à donner du croustillant, une bonne couleur et une saveur délicieuse aux beignets.

2. Laissez-le grésiller ! Votre poêle doit être bien chauffée avant la cuisson. Si le beignet ne grésille pas lorsqu'il touche la poêle, vous savez qu'il n'est pas prêt !

3. Ne surchargez pas la casserole, car cela fait chuter la température de la casserole, ce qui donne des beignets mous et insuffisamment cuits.

Beignets aux fruits

1. Beignets hollandais aux pommes

Rendement : 4 portions

Ingrédient

- 8 grosses pommes pelées, évidées
- 2 tasses de farine tout usage, tamisée
- 12 onces de bière
- $\frac{1}{2}$ cuillère à café de sel
- Huile, saindoux ou shortening
- Sucre de confiserie

les directions

a) Tranchez les pommes pelées et évidées ou coupez-les en rondelles à ⅓de pouce d'épaisseur.

b) Mélanger la bière, la farine et le sel avec un fouet jusqu'à ce que le mélange soit lisse, puis tremper les tranches de pomme dans le mélange.

c) Frire dans de la graisse profonde ou dans 1 pouce d'huile dans une poêle épaisse à une température de friture de 370 °. Drainer

2. Beignets pomme-orange

Rendement : 18 portions

Ingrédient

- 1 tasse de lait
- 1 orange, zeste et jus
- 1 Oeuf, battu
- 1 tasse de pommes, hachées grossièrement
- 4 cuillères à soupe de margarine
- 3 tasses de farine à gâteau
- $\frac{1}{4}$ tasse) de sucre
- 2 cuillères à café de levure
- $\frac{1}{2}$ cuillère à café de sel
- 1 cuillère à café de vanille

les directions

a) Battre l'oeuf. Dans un saladier, mélanger le lait, l'œuf et la margarine fondue. Ajouter le jus d'orange, le zeste, les pommes hachées et la vanille.

b) Tamiser ensemble la farine, le sel, la levure chimique. Incorporer au mélange de lait avec une cuillère jusqu'à homogénéité.
c) Préchauffer l'huile dans une poêle à 350 ~. Déposer l'extrémité de la cuillère à soupe dans l'huile chaude. Frire jusqu'à ce qu'il soit doré. Retournez-les pour qu'ils brunissent uniformément. Laisser refroidir.

3. Beignets de bananes en tempura

Rendement : 1 portion

Ingrédient

- 5 bananes
- Farine pour le dragage des bananes
- Huile végétale pour friture
- 1 oeuf
- 125 millilitres Farine tamisée
- 1/2 cuillères à café. bicarbonate de soude
- Mon chéri

les directions

a) Mélanger les ingrédients de la pâte à l'aide d'un fouet jusqu'à ce qu'ils soient un peu mousseux.
b) Couper les bananes en morceaux de 1 pouce / $2\frac{1}{2}$ cm. Roulez-les dans la farine jusqu'à ce qu'ils soient légèrement enrobés.
c) Trempez quelques morceaux de banane dans la pâte et faites-les frire jusqu'à ce qu'ils soient dorés. Égoutter sur du

papier absorbant. Faites en petits lots jusqu'à ce qu'ils soient tous cuits.

d) Chauffer le miel dans une casserole jusqu'à ce qu'il soit liquide et chaud; versez ceci sur les bananes.

4. Beignets d'abricots

Rendement : 8 portions

Ingrédient

- 12 petits Abricots
- 12 Amandes entières
- 2 cuillères à soupe de rhum blanc
- ½ tasse de farine tout usage non blanchie
- Tasse de fécule de maïs
- 3 cuillères à soupe de sucre
- ½ cuillère à café de sel
- ½ cuillère à café de cannelle
- ½ cuillère à café de levure chimique
- ½ tasse d'eau; plus
- 1 cuillère à soupe d'eau
- 3 cuillères à soupe de beurre fondu
- 1 litre d'huile végétale ; pour la friture
- Sucre de confiserie

les directions

a) Placer les abricots dans un bol et arroser les côtés fendus avec le rhum.
b) Pour la pâte, mélanger les ingrédients secs dans un bol et incorporer l'eau, puis le beurre fondu.
c) À l'aide d'une fourchette, tremper les abricots dans la pâte jusqu'à ce qu'ils soient bien dorés et que les abricots soient cuits

5. Beignets de banane Benya

Rendement : 1 portion

Ingrédient

- 1 paquet de levure
- 1 tasse d'eau chaude
- Du sucre
- dix Bananes très moelleuses
- 3 cuillères à soupe de cannelle
- 2 cuillères à soupe de noix de muscade
- $2\frac{1}{2}$ livres de farine
- $1\frac{1}{2}$ livre de sucre
- Zeste d'orange râpé
- $\frac{1}{4}$ cuillère à café de sel

les directions

a) Ajouter la levure à l'eau chaude et saupoudrer d'un peu de sucre. Couvrir et laisser reposer pour commencer le processus de montée.
b) Écrasez soigneusement les bananes dans un grand bol à mélanger avec la levure.

Ajouter la cannelle, la muscade, la farine, le sucre, le zeste d'orange râpé et le sel. Bien mélanger et laisser reposer une nuit. Le mélange montera et triplera en quantité.

c) Déposer par cuillerées dans le gras profond ; frire jusqu'à coloration brune. Servir chaud ou froid

6. Beignet de langoustine et banane

Rendement : 1 portion

Ingrédient

- 4 langoustines dodues
- 1 banane
- 8 onces Farine de maïs
- 8 onces de farine ordinaire
- 1 once de poudre à pâte
- 3 cuillères à soupe de ketchup aux tomates
- Int pinte de vinaigre
- Sel et poivre

les directions

a) Mettre la farine de maïs, la farine, le sel et le poivre dans un bol à mélanger. Ajouter le ketchup et le vinaigre et fouetter pour obtenir une pâte lisse. Ajouter la levure chimique.
b) Faire chauffer une poêle ou une friteuse électrique à 175-180C.

c) Peler les langoustines et vider les intestins. Coupez les langoustines en deux et placez un morceau de banane au centre. Fixez ensemble avec un bâtonnet à cocktail. Tremper dans la pâte et faire frire.

7. Beignets de pêche en conserve

Rendement : 4 - 5 portions

Ingrédient

- 1 boîte (29 oz) de pêches tranchées
- 1 tasse Farine tamisée AVANT de mesurer
- ½ cuillère à café de sel
- 1 cuillère à café de levure chimique
- 2 Œufs; battu
- 1 cuillère à soupe de shortening fondu
- ½ tasse de lait entier
- Huile végétale

les directions

a) Égouttez les pêches et saupoudrez légèrement de farine. Tamiser la farine avec le sel et la levure chimique. Ajouter les œufs bien battus, le shortening fondu et le lait. Bien mélanger.

b) À l'aide d'une fourchette à long manche, tremper les fruits dans la pâte. Laisser l'excédent de pâte s'écouler.
c) Baisser les fruits dans l'huile chaude (375) et faire frire 2-3 minutes ou jusqu'à ce qu'ils soient légèrement dorés
d) Égoutter sur du papier absorbant. Saupoudrer de sucre en poudre.

8. Beignets d'ananas des Caraïbes

Rendement : 1 portion

Ingrédient

- 2 tasses d'ananas frais; couper en morceaux
- 1 piment Habanero; épépiné et haché
- 5 Ciboulette; finement haché
- 1 oignon ; haché
- 2 gousses d'ail ; purée et hachée
- 8 oignons verts ; haché
- ½ cuillère à café de curcuma
- 1 tasse de farine
- ½ tasse de lait ; ou plus
- ½ tasse d'huile végétale; pour la friture
- 2 oeufs; battu
- Sel et poivre
- rondelles d'ananas; Pour la garniture

les directions

a) Mélanger les sept premiers ingrédients ; mettre de côté.
b) Mélanger la farine, le lait, les œufs, le sel et le poivre et bien battre au batteur électrique. Au bout de 4 heures, combiner les fruits avec la pâte.
c) Faire chauffer l'huile végétale dans une poêle profonde. Déposer la pâte par cuillerées et faire frire pendant environ 5 minutes, ou jusqu'à ce qu'elles soient dorées.
d) Retirer les beignets et égoutter sur du papier absorbant. Servir froid

9. Beignets de sureau

Rendement : 4 portions

Ingrédient

- 200 grammes de farine (1 3/4 tasses)
- 2 oeufs
- $\frac{1}{8}$ litre de lait (1/2 tasse plus 1/2 cuillères à soupe)
- Petite pincée de sel
- 16 Fleurs de sureau avec tiges
- Sucre pour saupoudrer
- 750 grammes de saindoux ou de shortening pour la friture

les directions

a) Avec un fouet, mélanger la farine, les œufs, le sel et le lait dans une pâte à crêpes. Rincez les fleurs de sureau plusieurs fois, puis séchez-les avec du papier absorbant.

b) Tremper brièvement les fleurs dans la pâte, puis les faire frire jusqu'à ce qu'elles soient dorées. Saupoudrer de sucre et servir.

10. Beignets de fruits et légumes

Rendement : 1 portion

Ingrédient

- 1 tasse de farine tout usage
- 1 cuillère à café de levure chimique
- 14 cuillères à café de sel
- 2 gros oeufs
- 2 cuillères à café de sucre
- ⅔tasse de lait
- 1 cuillère à café d'huile de salade
- ½ cuillère à café de jus de citron
- Fruits mélangés
- Légumes mélangés

les directions

a) Tamiser ensemble la farine, la levure chimique et le sel. Battez les œufs jusqu'à ce qu'ils soient légers et mousseux. Ajouter le sucre, le lait, l'huile et un trait de jus de citron; ajouter le mélange de farine et remuer juste assez longtemps pour humecter. Ajoutez une pincée de cannelle à la farine lorsque vous préparez des beignets de fruits.

b) FRUITS : Pommes : Peler, épépiner et couper en tranches de $\frac{1}{2}$ pouce. Bananes : Couper en morceaux et saupoudrer de jus de citron et de sucre. Utilisez des pêches en conserve, des ananas, etc. par drainage; saupoudrer très légèrement de farine avant de tremper dans la pâte.

c) LÉGUMES : Couper en morceaux de taille égale pour garder le temps de friture à peu près le même.

d) Chauffer l'huile dans une poêle profonde et cuire les beignets jusqu'à ce qu'ils soient délicatement dorés, puis égoutter sur du papier absorbant.

11. Beignets de fruits sauce bourbon

Rendement : 32 portions

Ingrédient

- $\frac{3}{4}$ tasse de farine, tout usage
- $\frac{1}{2}$ cuillère à café de levure chimique
- 1 Oeuf, battu
- 1 cuillère à soupe de beurre ou de margarine, fondu
- ⅓Sucrier
- 1 cuillère à soupe de fécule de maïs
- $\frac{3}{4}$ tasse d'eau
- 2 cuillères à soupe de beurre ou de margarine
- 1 cuillère à café de vanille
- 4 Pommes, 4 Poires, 4 Bananes
- $\frac{1}{4}$ tasse de bourbon
- Zeste de citron et 4 cuillères à café de jus de citron

les directions

a) Tamiser ensemble la farine, le sucre et la levure chimique.
b) Mélanger l'œuf, l'eau, le beurre et la vanille; incorporer aux ingrédients secs jusqu'à ce qu'ils soient juste mélangés.
c) Tremper la tranche de fruit dans la pâte; déposer dans l'huile chaude et faire frire jusqu'à ce qu'ils soient dorés des deux côtés.
d) SAUCE CITRON-BOURBON : Mélanger le sucre et la fécule de maïs dans une petite casserole; incorporer de l'eau. Cuire, en remuant constamment, jusqu'à ce que le mélange bouille et épaississe. Incorporer le beurre. Ajouter le bourbon, le zeste et le jus de citron; bien mélanger.

12. Beignets aux pommes espion du Nord

Rendement : 15 portions

Ingrédient

- $\frac{3}{4}$ tasse de semoule de maïs jaune
- $\frac{1}{2}$ tasse de farine tout usage
- 2 cuillères à soupe de levure chimique
- 6 cuillères à soupe de sucre
- 1 pincée de sel
- 1 oeuf
- $\frac{1}{2}$ tasse de lait
- $1\frac{1}{2}$ tasse d'huile végétale pour la friture
- 1 pomme Northern Spy, pelée
- 2 cuillères à soupe d'huile végétale
- Sucre glace pour la garniture

les directions

a) Mélanger tous les ingrédients secs sauf le sucre glace

b) Ajouter les ingrédients liquides (sauf $1\frac{1}{2}$ tasse d'huile) un à la fois, en remuant entre les ajouts. Mélanger la pomme.

Légèrement battre reposer pendant 10 minutes.

c) Faites chauffer l'huile jusqu'à ce qu'elle crépite, pas tout à fait au point de fumer. Déposer la pâte dans l'huile et la retirer sur une serviette en papier lorsqu'elle est dorée.
d) Saupoudrer de sucre glace et servir.

13. Beignets de banane à l'ananas

Rendement : 1 portion

Ingrédient

- 1⅓tasse de farine tout usage
- 1½ cuillère à café de levure chimique double effet
- 3 cuillères à soupe de sucre granulé
- 1 cuillère à café de gingembre moulu
- ¾ tasse d'ananas frais haché; drainé
- ¾ tasse de banane hachée
- ½ tasse de lait
- 1 œuf large; battu légèrement
- Huile végétale pour friture
- Sucre de confiserie pour saupoudrer

les directions

a) Tamisez ensemble la farine, la levure chimique, le sucre semoule, le gingembre et une pincée de sel.
b) Dans un bol, bien mélanger l'ananas, la banane, le lait et l'œuf, ajouter le

mélange de farine et remuer la pâte jusqu'à ce qu'elle soit combinée.

c) Déposer la pâte par cuillerées à soupe dans l'huile par lots, et faire frire les beignets, en les retournant, pendant 1 à 1 $\frac{1}{2}$ minutes, ou jusqu'à ce qu'ils soient dorés.

d) Transférer les beignets avec une écumoire sur des serviettes en papier pour les égoutter et tamiser le sucre des confiseurs dessus.

14. Beignets de poires pochées

Rendement : 1 portion

Ingrédient

- Biscuits traditionnels au babeurre
- Huile végétale
- 1 porte-bouteille
- 1 tasse d'eau
- 1 bâton de cannelle
- 3 clous de girofle entiers
- ½ cuillère à café de muscade
- 1 pincée de macis
- 4 poires ; pelé

les directions

a) Mettre les ingrédients dans une casserole et porter à ébullition ajouter les poires. Faire bouillir jusqu'à ce que les poires soient légèrement pochées 15 à 20 minutes.

b) Une fois refroidies, retirer les poires et filtrer les liquides, remettre dans la casserole et porter à ébullition. Réduire de moitié et retirer du feu. Couper les poires en quartiers en enlevant les pépins.

c) Rouler la pâte deux fois la longueur de la largeur des poires et aussi longtemps que vous pouvez l'obtenir de $\frac{1}{8}$ à $\frac{1}{4}$ de pouce d'épaisseur. Déposer les poires sur la pâte, replier la pâte par-dessus et découper avec une roulette à pâtisserie. Répéter jusqu'à ce que la pâte et les poires soient toutes utilisées.

d) Cuire des biscottes.

15. Beignets poire et cheddar

Rendement : 1 portion

Ingrédient

- 4 poires Bartlett moyennes; pelé
- 16 tranches Fromage cheddar fort
- ½ tasse de farine tout usage
- 2 gros œufs ; battu pour mélanger
- 2 tasses de chapelure blanche fraîche

les directions

a) Couper 3 fines tranches verticales des côtés opposés de chaque poire; jeter les noyaux.

b) En alternant les tranches de poire et de fromage, placer 2 tranches de fromage entre 3 tranches de poire pour chacun des 8 beignets. En tenant fermement chaque sandwich au fromage et aux poires, enrober légèrement de farine, puis d'œufs, puis de chapelure, en enrobant complètement et en pressant la chapelure pour qu'elle adhère.

c) Verser l'huile dans une grande poêle lourde jusqu'à une profondeur de 1 pouce et chauffer à 350F. Cuire les beignets par lots jusqu'à ce qu'ils soient dorés, en les retournant avec une écumoire, environ 2 minutes de chaque côté. Égoutter sur du papier absorbant.

16. Beignets à l'érable

Rendement : 24 beignets

Ingrédient

- 3 oeufs chacun
- 1 cuillère à soupe de crème
- ½ cuillère à café de sel
- 2 tasses de lait
- 2 cuillères à café de levure
- 4 tasses Farine

les directions

a) Mélanger la levure chimique et le sel avec la farine et ajouter le lait. Battre les œufs et la crème ensemble et incorporer au mélange de farine.
b) Déposer par cuillères à soupe dans la graisse chaude, chauffée à 370F et faire frire jusqu'à ce qu'elle soit cuite, environ 5 minutes.
c) Servir avec du sirop d'érable chaud.

17. Beignets de cerises au rhum

Rendement : 6 portions

Ingrédient

- ½ tasse de farine tout usage
- 2 cuillères à soupe de sucre glace
- ¼ cuillère à café de sel
- 1 livre Cerises avec tiges
- sucre glace
- 2 oeufs; séparé
- 2 cuillères à soupe de rhum
- ½ tasse de beurre clarifié
- ½ tasse d'huile végétale

les directions

a) Dans un bol moyen, mélanger la farine, les jaunes d'œufs, 2 cuillères à soupe de sucre glace, le rhum et le sel pour former une pâte lisse. Couvrir et laisser reposer 1 à 2 heures.

b) Battre les blancs d'œufs en neige jusqu'à ce qu'ils soient fermes et les incorporer à la pâte.

c) Chauffez le beurre et l'huile végétale dans une grande poêle à 360 degrés F., puis baissez le feu.
d) Trempez les cerises dans la pâte et placez-les dans l'huile chaude
e) Frire pendant 3 minutes, ou jusqu'à ce qu'ils soient dorés
f) Retirer les cerises. Trempez-les dans le sucre glace et servez.

CROQUETTES DE LÉGUMES

18. Beignets de riz brun rapides

Rendement : 6 portions

Ingrédient

- 2 tasses de riz brun à grain court cuit
- ½ tasse) de sucre
- 3 Œufs; battu
- ½ cuillère à café de sel
- ¼ cuillère à café de vanille
- 6 cuillères à soupe de farine
- ½ cuillère à café de muscade
- 3 cuillères à café de levure chimique

les directions

a) Mélanger le riz, les œufs, la vanille et la muscade et bien mélanger.
b) Tamiser les ingrédients secs ensemble et incorporer au mélange de riz. Déposer par cuillerées dans de la graisse profonde chaude (360) et faire frire jusqu'à ce qu'elles soient dorées.

c) Égouttez sur du papier absorbant, saupoudrez de sucre glace et servez chaud

19. Beignets de maïs

Rendement : 4 portions

Ingrédient

- 10 onces de style crème glacée géante verte
- Huile de maïs pour la friture
- ½ tasse de farine
- ½ tasse de semoule de maïs jaune
- 1 cuillère à café de levure chimique
- 1 cuillère à café d'oignon émincé instantané
- ½ cuillère à café de sel
- 2 Œufs

les directions

a) Placer le sachet de maïs non ouvert dans de l'eau tiède pendant 10 à 15 minutes pour décongeler.
b) Dans une friteuse ou une casserole épaisse, chauffer 2 à 3 pouces d'huile à 375 degrés. Dans un bol moyen, combiner le maïs décongelé et les autres

ingrédients; remuer jusqu'à ce que le tout soit bien mélangé.

c) Déposer la pâte par cuillerées à soupe rases dans l'huile chaude, 375 degrés. Frire 2 à 3 minutes ou jusqu'à ce qu'ils soient dorés. Égoutter sur du papier absorbant

20. Beignets de pois aux yeux noirs

Rendement : 20 portions

Ingrédient

- ½ livre Pois aux yeux noirs, trempés
- 4 gousses d'ail écrasées
- 2 cuillères à café de sel
- 1 cuillère à café de poivre noir
- 4 cuillères à soupe d'eau
- huile de friture
- Jus de citron vert au goût

les directions

a) Lorsque les pois sont ramollis, frottez la peau et laissez tremper 30 minutes supplémentaires.
b) Égoutter & rincer.
c) Dans un robot culinaire, mélanger les pois, l'ail, le sel et le poivre
d) Ajouter de l'eau tout en continuant à traiter. Ajouter suffisamment d'eau pour obtenir une purée lisse et épaisse.
e) Préchauffer le four à 250F. Dans une grande poêle, chauffer 2 à 3 pouces

d'huile et faire frire 1 pot de pâte jusqu'à ce qu'elle soit dorée. Répétez jusqu'à ce que toute la pâte ait été frite de cette façon. Réserver au four pour garder au chaud. Servir très chaud, saupoudré de sel et de jus de citron vert.

21. Beignets de riz

Rendement : 12 portions

Ingrédient

- 1 sachet de levure sèche
- 2 cuillères à soupe   Eau chaude
- 1 tasse de riz cuit; refroidi
- 3 Œufs; battu
- 1 tasse de farine
- $\frac{1}{2}$ tasse) de sucre
- $\frac{1}{2}$ cuillère à café de sel
- $\frac{1}{4}$ cuillère à café de muscade
- Graisse pour friture
- sucre glace

les directions

a) Dissoudre la levure dans l'eau tiède. Mélanger avec du riz et laisser reposer dans un endroit chaud pendant une nuit. Le lendemain, incorporer les œufs, la farine, le sucre, le sel et la muscade.

b) Ajouter plus de farine si nécessaire pour faire une pâte épaisse. Chauffer la graisse à 370 degrés ou jusqu'à ce qu'un cube de pain de 1 pouce brunisse en 60 secondes. Déposer la pâte d'une cuillère à soupe dans la graisse chaude et faire frire jusqu'à ce qu'elle soit dorée, environ 3 minutes.

c) Égoutter sur du papier absorbant et saupoudrer de sucre en poudre. Servir chaud

22. Beignets myrtilles / maïs

Rendement : 6 portions

Ingrédient

- ⅔tasse de farine
- ⅓tasse de fécule de maïs
- 2 cuillères à soupe de sucre
- 1 cuillère à café de levure chimique
- ½ cuillère à café de sel
- ¼ cuillère à soupe de muscade, moulue
- ⅓tasse de lait
- 2 Oeuf, séparé
- Huile végétale
- 1 tasse de bleuets
- Sucre glace & Miel

les directions

a) Dans un bol moyen, mélanger la farine, la fécule de maïs, le sucre, la poudre à pâte, le sel et la muscade.
b) Dans une tasse à mesurer de 2 tasses, mélanger le lait, les jaunes d'œufs et

l'huile. Verser dans le mélange de farine. Bien mélanger. La pâte sera dure. Incorporer les bleuets. Mettre de côté.

c) Dans un petit bol avec le batteur à vitesse élevée, battre les blancs d'œufs jusqu'à la formation de pics fermes. À l'aide d'une spatule en caoutchouc, incorporer délicatement la moitié des blancs d'œufs battus à la pâte jusqu'à ce qu'ils soient bien mélangés. Incorporer ensuite les blancs d'œufs battus restants à la pâte,

d) Ajouter délicatement la pâte à beignet par cuillerées à soupe, quelques-unes à la fois, à l'huile chaude. Frire 3-4 minutes, en retournant une fois, ou jusqu'à ce que les beignets soient dorés.

23. Beignets de maïs avec trempette

Rendement : 8 portions

Ingrédient

- 2 gros œufs ; battu
- $\frac{3}{4}$ tasse de lait
- 1 cuillère à café de cumin moulu
- 2 tasses de farine
- Sel et poivre au goût
- 2 tasses de grains de maïs
- 3 cuillères à soupe de persil; haché

Sauce épicée à l'orange

- $\frac{1}{2}$ tasse de marmelade d'orange
- $1\frac{3}{8}$ tasse de jus d'orange frais
- 1 cuillère à soupe de gingembre; râpé
- $\frac{1}{2}$ cuillère à café de moutarde à la Dijonnaise

les directions

a) Dans un bol, battre les œufs et le lait. Dans un autre bol, mélanger le cumin sur la farine. Bien assaisonner de sel et de poivre

b) Battre le mélange d'œufs dans la farine avec un fouet. Incorporer le maïs et le persil. Faire chauffer l'huile à 375°. Déposer le mélange de maïs dans la graisse chaude sans encombrer la poêle. Frire, en retournant une fois, jusqu'à ce qu'il soit doré

c) Retirer et égoutter sur du papier absorbant. Mélanger les ingrédients de la sauce et servir.

24. Beignets de carnaval

Rendement : 18 portions

Ingrédient

- 1 tasse d'eau chaude
- 8 cuillères à soupe de beurre non salé
- 1 cuillère à soupe de sucre
- $\frac{1}{2}$ cuillère à café de sel
- 1 tasse de farine tout usage, tamisée
- 4 œufs
- 1 cuillère à café de zeste d'orange fraîchement râpé
- 1 cuillère à café de zeste de citron fraîchement râpé
- 4 tasses d'huile d'arachide
- Sucre de confiserie

les directions

a) Mélanger l'eau, le beurre, le sucre et le sel dans une petite casserole et porter à ébullition. Lorsque le beurre est fondu, ajouter la farine. Remuer vigoureusement avec un fouet

b) Ajouter les œufs, un à la fois, en battant vigoureusement à la cuillère après chaque ajout. Ajouter les zestes d'orange et de citron râpés.

c) Dans une poêle profonde, chauffer l'huile d'arachide à 300°F.

d) Déposez la pâte par cuillerée à soupe dans l'huile chaude, pas plus de 4 ou 5 à la fois. Lorsque les beignets sont dorés et gonflés, retirez-les à l'aide d'une écumoire, égouttez-les sur du papier absorbant et saupoudrez de sucre glace.

25. Beignets de pois chiches avec salsa aux poires

Rendement : 1 portion

Ingrédient

- $1\frac{1}{2}$ tasse de pois chiches cuits, égouttés
- 1 cuillère à café de sel
- 1 moyen Pomme de terre de l'Idaho
- 1 petit oignon, grossièrement râpé
- 1 cuillère à soupe de farine
- 2 cuillères à café de sauce piquante
- 3 Blancs d'œufs, légèrement battus
- 2 Tomates italiennes italiennes
- 2 Poires fermes pelées, évidées et coupées en dés
- 1 cuillère à soupe de jus de citron frais
- 6 grands Oignons verts, hachés
- 1 cuillère à soupe de piments jalapeños
- 1 cuillère à soupe de vinaigre de Xérès
- 1 cuillère à café de miel

les directions

a) Dans un bol moyen, mélanger la pomme de terre, l'oignon, la farine et la sauce au piment fort. Bien mélanger pour mélanger. Ajouter les pois chiches et les blancs d'œufs et mélanger.
b) Déposez des cuillères à soupe bombées de pâte dans la poêle en laissant de la place pour qu'elles s'étalent. Cuire à feu modérément élevé jusqu'à coloration dorée
c) Servir avec la salsa piquante aux poires

26. Beignets de pois chiches au couscous

Rendement : 1 portion

Ingrédient

- 7 onces Couscous, cuit
- ½ petit concombre
- 2 Tomates italiennes; (pelées, épépinées, coupées en dés)
- 1 citron vert
- 6 Oignons verts; taillé
- 1 boîte (14 oz) de pois chiches égouttés rincés
- ½ cuillère à café de coriandre ou coriandre et menthe
- 1 piment rouge; épépiné finement haché
- 1 gousse d'ail
- Farine ordinaire pour saupoudrer
- 5 onces Yaourt EF
- Sel & poivre fraîchement moulu
- Paprika / Cumin au goût

les directions

a) Incorporer les tomates, le persil au couscous. Couper la lime en deux et presser le jus. Hacher finement les oignons nouveaux en couscous.
b) Ajouter le cumin, la coriandre / coriandre, le piment et les feuilles de coriandre / coriandre. Hacher la gousse d'ail et l'ajouter. Placer le concombre dans un bol et incorporer le yogourt haché à la menthe, ajouter beaucoup d'assaisonnement. Bien mélanger
c) Façonner le mélange de pois chiches en 6 galettes et saupoudrer légèrement de farine. Ajouter à la poêle et cuire quelques minutes.

27. Beignets de maïs et poivre

Rendement : 12 beignets

Ingrédient

- 1 tasse de maïs, à grains entiers, frais ou congelé
- 1 tasse de poivron rouge ; haché finement
- 1 tasse d'oignons verts ; haché finement
- 1 cuillère à café de jalapeño ; finement haché
- 1 cuillère à café de cumin moulu
- 1 tasse de farine
- 2 cuillères à café de levure
- Le sel; goûter
- Poivre noir; goûter
- 1 tasse de lait
- 4 cuillères à soupe d'huile

les directions

a) Mettez le maïs dans un bol à mélanger avec le poivron haché, les oignons verts et le piment fort. Saupoudrer de cumin, de farine, de levure chimique, de sel et de poivre; remuer pour mélanger. Ajouter le lait et remuer pour bien mélanger.

b) Verser la pâte en lots de $\frac{1}{4}$ de tasse dans la poêle et cuire jusqu'à ce qu'ils soient dorés des deux côtés, environ 2 minutes chacun.

28. Beignets de Chanuka

Rendement : 1 portion

Ingrédient

- 2 Levure, enveloppes sèches actives Eau tiède
- $2\frac{1}{2}$ tasse de farine ; écru jusqu'à 3 Sel
- 2 cuillères à café de graines d'anis
- 2 cuillères à soupe Huile d'olive
- 1 tasse de raisins secs ; sombre sans pépins
- 1 tasse d'huile d'olive pour la friture
- 1 tasse de miel
- 2 cuillères à soupe de jus de citron

les directions

a) Mélanger la farine, le sel et les graines d'anis dans un bol. Ajouter progressivement la levure dissoute et les 2 cuillères à soupe d'huile d'olive. Pétrir jusqu'à ce que la pâte soit lisse et élastique

b) Répartir les raisins secs sur le plan de travail et pétrir la pâte dessus. Façonner en boule.
c) Chauffez l'huile et faites frire les diamants quelques uns à la fois, en les retournant, jusqu'à ce qu'ils soient dorés des deux côtés.
d) Faites chauffer le miel dans une casserole avec 2 cuillères à soupe de jus de citron et faites bouillir pendant seulement 3 minutes. Disposer sur une assiette de service et verser le miel chaud dessus.

29. Beignets de gombo

Rendement : 1 portion

Ingrédient

- 1 tasse de farine non blanchie tamisée
- $1\frac{1}{2}$ cuillère à café de levure chimique
- 2 cuillères à café de sel
- $\frac{1}{4}$ cuillère à café de poivre noir moulu
- $\frac{1}{4}$ cuillère à café de noix de muscade râpée
- 1 Pincée de Cayenne
- 2 tasses de gombo frais - tranché finement

les directions

a) Bien mélanger les ingrédients
b) Déposer par cuillères à café dans l'huile. Cuire jusqu'à ce qu'ils soient dorés, 3 à 5 minutes jusqu'à ce qu'ils flottent, puis retourner.
c) Égoutter sur du papier essuie-tout et servir chaud avec une trempette si désiré.

30. Beignets de haricots

Rendement : 24 beignets

Ingrédient

- 1 tasse de petits pois aux yeux noirs
- 2 Poivre, rouge, piquant; épépiné, haché
- 2 cuillères à café de sel
- Huile végétale; pour la friture

les directions

a) Faire tremper les haricots une nuit dans de l'eau froide. Égouttez, frottez et jetez la peau, recouvrez à nouveau les haricots d'eau froide et laissez-les tremper pendant 2 à 3 heures de plus.
b) Égouttez, rincez et passez au hachoir à viande à l'aide de la lame la plus fine, ou réduisez petit à petit au mixeur électrique. Moudre les piments.
c) Ajouter le sel et le poivre aux haricots et battre avec une cuillère en bois jusqu'à ce qu'ils soient légers et mousseux et considérablement augmentés en volume.
d) Faites chauffer l'huile dans une poêle à frire épaisse et faites frire le mélange

par cuillerées à soupe jusqu'à ce qu'il soit doré des deux côtés. Égoutter sur du papier absorbant.

e) Servir chaud en accompagnement de boissons.

32. Beignets de patates douces au gingembre

Rendement : 1 portion

Ingrédient

- UNE; (1/2 livre) patate douce
- $1\frac{1}{2}$ cuillère à café de gingembre frais pelé haché
- 2 cuillères à café de jus de citron frais
- $\frac{1}{4}$ cuillère à café de flocons de piment rouge séché
- $\frac{1}{4}$ cuillère à café de sel
- 1 œuf large
- 5 cuillères à soupe de farine tout usage
- Huile végétale pour friture

les directions

a) Dans un robot culinaire, hacher finement la patate douce râpée avec le gingembre, le jus de citron, les flocons de piment rouge et le sel, ajouter l'œuf et la farine et bien mélanger le mélange.

b) Dans une grande casserole, chauffer $1\frac{1}{2}$ pouces d'huile et déposer des cuillères à soupe du mélange de patates douces dans l'huile jusqu'à ce qu'elles soient dorées

c) Transférer les beignets sur du papier absorbant pour les égoutter.

33. Beignets d'aubergines

Rendement : 6 portions

Ingrédient

- 2 Oeufs, battus
- Sel au goût
- 2 cuillères à soupe Lait
- 2 Aubergines, tranchées finement
- Huile pour friture

les directions

a) Mélanger les oeufs, le sel et le lait pour faire une pâte.
b) Tremper les tranches d'aubergines dans la pâte et faire frire les tranches d'aubergines enrobées dans l'huile à feu modéré jusqu'à ce qu'elles soient uniformément dorées.

34. Beignets d'artichauts

Rendement : 6 portions

Ingrédient

- ½ livre Coeurs d'artichauts, cuits et coupés en dés
- 4 Oeufs, séparés
- 1 cuillère à café de levure chimique
- 3 oignons verts, hachés
- 1 cuillère à soupe de zeste de citron râpé
- ½ tasse de farine
- Sel et poivre au goût
- 1 cuillère à soupe de fécule de maïs
- 4 tasses d'huile pour la friture, d'huile d'arachide ou de maïs

les directions

a) Placer les cœurs d'artichauts dans un grand bol et incorporer les jaunes d'œufs et la levure chimique. Ajouter l'oignon vert. Incorporer le zeste de citron. Mélanger la farine, le sel et le poivre. Dans un autre bol, battre les blancs d'œufs et la fécule de maïs jusqu'à formation de pics. Incorporer les blancs d'œufs au mélange d'artichauts.

b) Avec une cuillère à soupe, déposez des cuillerées d'un demi-dollar de pâte à beignet dans l'huile. Frire jusqu'à coloration dorée

c) Retirer les beignets à l'aide d'une écumoire et égoutter sur du papier absorbant.

35. Beignets de blettes à la rhubarbe

Rendement : 1 portion

Ingrédient

- 8 tiges de rhubarbe à carde
- 1 tasse de farine
- $\frac{1}{2}$ cuillère à café de sel
- $\frac{1}{8}$ cuillère à café de paprika
- 1 Oeuf, légèrement battu
- 2 cuillères à soupe d'huile ou de beurre fondu
- $\frac{2}{3}$tasse de lait
- Huile pour friture

les directions

a) Mélanger la farine, le sel, le paprika, l'œuf, l'huile ou le beurre et le lait.

b) Tremper les morceaux de tige dans cette pâte en les recouvrant bien. Frire dans de la graisse profonde chauffée à 375 F ou jusqu'à ce qu'elle soit suffisamment chaude pour dorer un cube de pain de 1 pouce en 1 minute.

c) Égoutter sur du papier brun dans un four chaud

36. Beignets aux figues

Rendement : 24 figues

Ingrédient

- 24 figues mûres fermes
- 2 œufs, séparés
- $\frac{5}{8}$ tasse de lait
- 1 cuillère à soupe d'huile
- 1 pincée de sel
- Zeste de citron râpé
- 20 onces de farine
- 1 cuillère à soupe de sucre
- huile de friture

les directions

a) Dans un bol, battre les jaunes d'œufs avec le lait, l'huile, le sel et le zeste de citron. Incorporer la farine et le sucre et bien mélanger. Réfrigérer la pâte pendant 2 heures.

b) Battre les blancs d'œufs en neige ferme et les incorporer à la pâte. Trempez les figues dans la pâte et faites-les frire dans de l'huile chaude jusqu'à ce qu'elles soient dorées.

c) Égoutter brièvement et saupoudrer de sucre. Abricots, bananes et autres fruits peuvent être préparés de la même manière.

37. Mesclun aux beignets de navet

Rendement : 6 portions

Ingrédient

- $\frac{1}{4}$ tasse de beurre
- 1 tasse d'oignon haché
- 1 tasse d'oignons verts hachés
- 2 branches de céleri, hachées
- 2 cuillères à soupe de gingembre finement haché
- 2 gousses d'ail, finement hachées
- 1 livre Bébés navets à fanes vertes
- 10 tasses d'eau
- 2 cubes de bouillon de poulet extra-larges
- $\frac{1}{2}$ tasse de vin blanc sec ou d'eau
- Tasse de fécule de maïs
- 6 tasses de feuilles d'épinards fraîches entières emballées
- $1\frac{1}{4}$ cuillère à café de poivre noir moulu

- ½ cuillère à café de sel
- ¼ tasse de farine tout usage non tamisée
- 1 gros oeuf, légèrement battu
- Huile végétale pour la friture

les directions

a) Préparez les verts.
b) Râper grossièrement les navets refroidis. Mélanger les navets râpés, la farine, l'œuf et le reste de poivre et de sel.
c) Ajouter des cuillerées à thé combles de mélange de beignets dans la poêle et faire frire, en tournant, jusqu'à ce qu'ils soient dorés des deux côtés

38. Beignets de courgettes dessert

Rendement : 2 portions

Ingrédient

- 2 oeufs
- ⅔tasse de fromage cottage faible en gras
- 2 tranches de pain blanc ou WW émietté
- 6 cuillères à café de sucre
- 1 trait de sel
- $\frac{1}{2}$ cuillère à café de levure chimique
- 2 cuillères à café d'huile végétale
- 1 cuillère à café d'extrait de vanille
- $\frac{1}{2}$ cuillère à café de cannelle moulue
- $\frac{1}{4}$ cuillère à café de muscade moulue
- $\frac{1}{8}$ cuillère à café de piment de la Jamaïque moulu
- 2 cuillères à soupe de raisins secs
- 1 tasse de courgettes enfin râpées non pelées

les directions

a) Mélanger tous les ingrédients sauf les raisins secs et les courgettes. Mélanger jusqu'à consistance lisse. Verser le mélange dans un bol. Incorporer les courgettes et les raisins secs au mélange d'œufs.

b) Préchauffer une poêle antiadhésive ou une plaque chauffante à feu moyen-vif. Déposer la pâte sur la plaque chauffante avec une grande cuillère, en faisant des gâteaux de 4 pouces. Retourner les beignets avec précaution lorsque les bords semblent secs.

39. Beignets de poireaux

Rendement : 4 portions

Ingrédient

- 4 tasses de poireaux hachés; (environ 2 livres)
- 1 cuillère à soupe d'huile végétale
- 1 cuillère à soupe de beurre
- 2 tasses d'oseille hachée
- 2 oeufs
- $\frac{1}{4}$ tasse de farine
- $\frac{1}{4}$ cuillère à café de zeste de citron séché
- $\frac{1}{4}$ cuillère à café de curry doux en poudre
- $\frac{1}{4}$ cuillère à café de poivre blanc
- $\frac{1}{2}$ cuillère à café de sel
- Crème aigre

les directions

a) Faire sauter les poireaux dans l'huile et le beurre pendant environ 7 minutes, jusqu'à ce qu'ils soient cuits, mais pas dorés

b) Ajouter l'oseille et cuire encore 7 minutes environ, jusqu'à ce qu'elle ramollisse. Une fois refroidis, fouetter ensemble les œufs, la farine et les assaisonnements. Ajouter aux poireaux.

c) Dans une sauteuse, chauffer environ ¼ de tasse d'huile végétale. Verser suffisamment de mélange de poireaux pour faire une crêpe de 2-½ "-3". Cuire 2-3 minutes sur le premier côté, jusqu'à ce qu'ils soient légèrement dorés, retourner et cuire environ 2 minutes sur le second côté.

d) Égoutter sur du papier absorbant et servir.

40. Beignets de lentilles et vinaigrette de betterave

Rendement : 4 portions

Ingrédient

- $\frac{1}{4}$ livre de lentilles rouges ; cuit
- 1 cuillère à soupe d'aneth frais haché
- 1 cuillère à café de paprika
- $\frac{1}{2}$ cuillère à café de sel
- $\frac{3}{4}$ livres Pommes de terre rouges; pelé
- Huile d'olive; pour la friture
- $\frac{1}{4}$ livres feuilles de betterave; tiges enlevées
- 1 cuillère à soupe de vinaigre balsamique
- $\frac{1}{2}$ cuillère à café de moutarde moulue
- $\frac{1}{2}$ cuillère à café de câpres
- Le sel
- Poivre noir fraichement moulu
- 3 cuillères à soupe d'huile d'olive extra vierge

les directions

a) Placer la purée de lentilles dans un bol, incorporer l'aneth, le paprika et $\frac{1}{2}$ cuillère à café de sel. Râpez les pommes de terre dans le bol et mélangez.
b) Façonner le mélange de lentilles en beignets de la taille d'un demi-dollar et faire frire dans une fine couche d'huile jusqu'à ce qu'ils soient dorés
c) Vinaigrette : placez le vinaigre, la moutarde, les câpres, le sel et le poivre dans un petit bol. Fouetter l'huile d'olive jusqu'à homogénéité. Faire bouillir les feuilles de betterave dans de l'eau salée jusqu'à ce qu'elles ramollissent. Servir

41. Beignets d'aubergines

Rendement : 4 portions

Ingrédient

- 1 petite aubergine
- 1 cuillère à café de vinaigre
- 1 oeuf
- $\frac{1}{4}$ cuillère à café de sel
- 3 cuillères à soupe de farine
- $\frac{1}{2}$ cuillère à café de levure chimique

les directions

a) Éplucher et trancher l'aubergine. Cuire jusqu'à tendreté dans de l'eau bouillante salée. Ajouter le vinaigre et laisser reposer une minute pour éviter la décoloration. Égouttez les aubergines et écrasez-les. Incorporer les autres ingrédients et déposer de la cuillère dans la graisse chaude, en retournant les beignets pour qu'ils brunissent uniformément. Bien égoutter sur du papier absorbant et réserver au chaud.

b) Des oignons finement hachés, du persil, etc. peuvent être ajoutés.

42. Beignets de carottes au curry

Rendement : 1 portion

Ingrédient

- $\frac{1}{2}$ tasse de farine
- 1 Oeuf, légèrement battu
- 1 cuillère à café de curry en poudre
- $\frac{1}{2}$ livre de carottes
- $\frac{1}{4}$ cuillère à café de sel
- $\frac{1}{2}$ tasse de bière plate
- 1 blanc d'oeuf

les directions

a) Mélangez la farine, le sel, l'œuf, 1 cuillère à soupe d'huile végétale et la bière pour obtenir une pâte lisse.

b) Incorporer la poudre de curry. Battre le blanc d'œuf en neige ferme et l'incorporer à la pâte. Incorporer délicatement les carottes.

c) Déposez de grandes cuillerées de mélange dans de l'huile végétale à 375 degrés et faites cuire environ une minute de chaque côté.

43. Beignets de petits pois frits

Rendement : 4 portions

Ingrédient

- 2 tasses de petits pois (cuits)
- 1 tasse de farine
- 2 cuillères à café de levure
- 1 cuillère à café de poivre
- ½ cuillère à café de sel
- 1 cuillère à soupe de curry en poudre
- 2 oeufs
- 1 tasse de lait

les directions

a) Mélanger tous les ingrédients secs. Battre les œufs et le lait. Ajouter au mélange de farine. Incorporer délicatement les pois cuits.

b) Déposer de la cuillère dans ¾ de pouce de graisse chaude. Frire jusqu'à ce qu'il soit brun clair. Pour 4 à 5 personnes

44. Beignets de pommes de terre farcis

Rendement : 1 portion

Ingrédient

- $\frac{1}{4}$ tasse d'huile de maïs
- 3 oignons moyens (1-1/2 tasses) ; haché
- 1 livre   Le bœuf haché
- 1 cuillère à café de sel
- $\frac{1}{2}$ cuillère à café de poivre
- 3 livres de pommes de terre ; cuit et écrasé
- 1 oeuf; battu
- 1 cuillère à café de sel ; ou à déguster
- $\frac{1}{2}$ cuillère à café de cannelle moulue
- $\frac{1}{2}$ cuillère à café de poivre
- 1 tasse de farine de matzoh

les directions

a) Faire chauffer l'huile dans une poêle et faire revenir l'oignon à feu moyen jusqu'à ce qu'il soit doré. Ajouter le boeuf, le sel et le poivre et faire sauter jusqu'à ce que le mélange soit sec et que tout le liquide se soit évaporé. Ajouter la purée de pommes de terre.

b) Façonner $\frac{1}{2}$ tasse de pâte de pommes de terre en cercle dans la paume de la main. Placer 1 farce généreuse au centre et replier la pâte en forme de saucisse légèrement aplatie

c) Faire revenir dans l'huile à feu moyen jusqu'à ce qu'ils soient dorés des deux côtés.

45. Beignets de champignons

Rendement : 6 portions

Ingrédient

- 1 tasse de farine tout usage
- 1 12 onces. canette de bière
- $1\frac{1}{2}$ cuillère à café de sel
- $\frac{1}{4}$ cuillère à café de poivre noir
- 1 cuillère à café de paprika
- 1 livre   Champignons
- Jus de citron
- Le sel
- 4 tasses d'huile pour la friture

les directions

a) Préparez la pâte en mélangeant tout sauf les champignons, le sel et le citron pour lisser.
b) Arrosez les champignons d'un peu de jus de citron et de sel.
c) Tremper un champignon dans la pâte et le déposer dans l'huile chaude jusqu'à ce qu'il soit doré.

d) Réserver les champignons déjà cuits sur une plaque tapissée de papier absorbant à four doux.

46. Bhajiyas à l'oignon / beignets d'oignon

Rendement : 6 portions

Ingrédient

- 1 tasse de farine de lentilles ou de pois chiches
- 1 cuillère à café de sel ou au goût
- 1 pincée de bicarbonate de soude
- 1 cuillère à soupe de riz moulu
- Pincée de cumin / piment en poudre / coriandre
- 1 à 2 piments verts frais
- 2 gros oignons, coupés en rondelles et séparés
- Huile pour friture

les directions

a) Tamiser la farine et ajouter le sel, le bicarbonate de soude, le riz moulu, le cumin, la coriandre, la poudre de chili et les piments verts ; bien mélanger. Ajoutez maintenant les oignons et mélangez soigneusement.

b) Ajoutez progressivement de l'eau et continuez à mélanger jusqu'à ce qu'une pâte épaisse et molle se forme.
c) Faites chauffer l'huile et faites frire les beignets doucement pour vous assurer que la pâte au centre reste molle, tandis que l'extérieur devient doré et croustillant. Cela devrait prendre environ 12 à 12 minutes par lot.
d) Égoutter les beignets sur du papier absorbant.

47. Pakora

Rendement : 12 portions

Ingrédient

- 1 tasse de farine de pois chiche
- ½ tasse de farine tout usage non blanchie
- ½ cuillère à café de bicarbonate de soude
- ¾ cuillère à café de crème de tartre
- ¼ cuillère à café de sel de mer
- 1 cuillère à café de poudre de cumin et de poudre de coriandre
- 1 cuillère à café de curcuma et de poivre de Cayenne
- 2 cuillères à soupe de jus de citron
- 1 tasse de pommes de terre en tranches
- 1 tasse de bouquets de chou-fleur
- 1 tasse de poivron haché

les directions

a) Mélanger les farines, le bicarbonate de soude, la crème de tartre, le sel et les épices.
b) Incorporer graduellement l'eau et le jus de citron en fouettant pour obtenir une pâte lisse de la consistance d'une crème épaisse. Mettre de côté.
c) Tremper les légumes dans la pâte pour les enrober. Plonger dans l'huile chaude, en tournant pour cuire uniformément, jusqu'à ce qu'ils soient dorés, environ 5 minutes. Retirer à l'aide d'une écumoire et égoutter sur du papier absorbant.

48. Beignets de panais et de carottes

Rendement : 4 portions

Ingrédient

- 225 grammes Panais; râpé
- 2 carottes moyennes ; râpé
- 1 oignon ; râpé
- 3 cuillères à soupe de ciboulette fraîche ciselée
- Sel et poivre noir fraîchement moulu
- 2 oeufs moyens
- $\frac{1}{2}$ paquet de saucisses de porc
- 100 grammes de fromage Cheddar fort
- 40 grammes de Farine ordinaire
- 2 cuillères à soupe de persil frais haché

les directions

a) Mélanger les panais, les carottes, l'oignon, la ciboulette, l'assaisonnement et un œuf, jusqu'à ce que le tout soit bien mélangé. Diviser en quatre, aplatir en crêpes grossières.

b) Faites chauffer une grande poêle et faites cuire les saucisses pendant 10 minutes en les retournant de temps en temps jusqu'à ce qu'elles soient dorées.
c) Pendant ce temps, ajouter les pancakes dans la poêle et faire revenir 3 minutes de chaque côté jusqu'à ce qu'ils soient dorés.
d) Mélangez le reste des ingrédients pour former une pâte ferme et roulez-la en forme de grosse bûche. Trancher en quatre. Hacher les saucisses et répartir entre les beignets. Garnir chacun d'une tranche de fromage.
e) Placer sous le gril préchauffé et cuire pendant 5 à 8 minutes jusqu'à ce qu'ils bouillonnent et fondent. Servir aussitôt garni de ciboulette et de chutneys.

49. frites

Rendement : 4 portions

Ingrédient

- 1 livre Pommes de terre Russet
- 4 pintes huile d'olive vierge
- Sel et poivre

les directions

a) Coupez les pommes de terre en tranches de la taille d'un doigt de taille égale et placez-les dans une nouvelle eau froide.

b) Chauffer l'huile à 385 F dans une casserole doubler le volume d'huile

c) Ajouter les pommes de terre une poignée à la fois et cuire jusqu'à ce qu'elles soient dorées. Retirer et égoutter sur du papier, saler et poivrer et servir avec de la mayonnaise

50. Beignets de pommes de terre et noix

Rendement : 4 portions

Ingrédient

- 2 pommes de terre bouillies
- Le sel
- 2 gros oeufs
- $\frac{1}{2}$ tasse de noix hachées
- Poivre fraîchement moulu
- 5 tasses d'huile végétale, pour la friture

les directions

a) Faire chauffer l'huile pour la friture à 360 degrés

b) Faire des beignets à partir du mélange mais ne pas les entasser dans l'huile. Frire 2-3 minutes ou jusqu'à ce qu'ils soient dorés de tous les côtés.

c) Transférer sur un plateau tapissé de papier essuie-tout.

51. Beignets de potiron

Rendement : 1 portion

Ingrédient

- 4 tasses de purée de citrouille cuite
- 2 oeufs
- 1 tasse de farine
- 1 pincée de sel
- 1 cuillère à café de levure chimique
- 2 cuillères à soupe bombées de sucre
- 250 millilitres de sucre
- 500 millilitres d'eau
- 500 millilitres de lait
- 30 millilitres de margarine
- 20 millilitres d'amidon de maïs mélangé à de l'eau

les directions

a) Mélanger tous les ingrédients, faire une pâte molle et faire frire des cuillerées dans de l'huile peu profonde jusqu'à ce que les deux côtés soient légèrement dorés.

b) Égouttez sur du papier et servez chaud avec du sucre à la cannelle ou une sauce au caramel.

52. Beignets aux épinards

Rendement : 4 portions

Ingrédient

- 1 livre Épinards frais ou autre
- Légumes de votre choix
- 3 gros oeufs
- 2 cuillères à soupe de lait
- 1 cuillère à café de sel
- ½ cuillère à café de poivre
- 2 cuillères à soupe d'oignon haché
- 1 cuillère à soupe de céleri haché
- 1 cuillère à soupe de farine
- Huile de cuisson

les directions

a) Bien rincer les épinards, les égoutter et les hacher finement.
b) Séparez les œufs et battez les blancs jusqu'à ce qu'ils forment des pics mous.
c) Mélanger les jaunes d'œufs avec le lait, le sel, le poivre, l'oignon, le céleri et la

farine. Incorporer les blancs d'œufs battus et les épinards en mélangeant bien.

d) Façonner en 8 galettes de 3 pouces et faire frire dans l'huile de cuisson jusqu'à ce qu'elles soient dorées.

53. Beignets de tofu frits

Rendement : 4 portions

Ingrédient

- 50 grammes Farine auto-levante
- Sel et poivre fraîchement moulu
- Huile végétale pour la friture
- 285 g de tofu ; couper en morceaux
- 2 cuillères à soupe de sucre semoule
- 2 cuillères à soupe de vinaigre de vin rouge
- 300 grammes de baies mélangées
- 2 échalotes ; finement coupé en dés

les directions

a) Préparez la salsa. Mettre le vinaigre et le sucre dans une casserole et chauffer doucement pour dissoudre le sucre. Ajouter les baies et les échalotes et pocher doucement pendant 10 minutes jusqu'à ce qu'elles soient tendres. Laisser refroidir.

b) Faire la pâte, mettre la farine dans un bol et incorporer progressivement l'eau.
c) Chauffer l'huile dans une casserole profonde jusqu'à ce qu'elle soit chaude. Tremper le tofu dans la pâte et faire frire pendant 1 à 2 minutes jusqu'à ce que la pâte soit croustillante.

54. Beignets de tomates

Rendement : 16 portions

Ingrédient

- 1⅓tasse de tomates italiennes, épépinées, coupées en dés
- ⅔tasse de courgettes, coupées en petits dés
- ½ tasse d'oignon, finement haché
- 2 cuillères à soupe de feuilles de menthe, hachées
- ½ tasse de farine tout usage
- ¾ cuillère à café de levure chimique
- ½ cuillère à café de sel
- ½ cuillère à café de poivre
- Pincée de cannelle
- Huile d'olive pour la friture

les directions

a) Mélanger les tomates en dés, les courgettes, l'oignon et la menthe dans un petit bol

b) Mélanger la farine, la poudre à pâte, le sel et le poivre et la cannelle dans un bol moyen. Incorporer les légumes aux ingrédients secs.
c) Chauffer l'huile d'olive dans une grande poêle antiadhésive et déposer la pâte par cuillerée à soupe bombée dans l'huile. Cuire jusqu'à ce qu'ils soient dorés, environ 2 minutes de chaque côté.
d) Égoutter sur du papier absorbant, servir chaud.

55. Beignets de fleurs de sureau avec mousse

Rendement : 4 portions

Ingrédient

- Huile de tournesol pour friture
- 8 Têtes de sureau ; en fonction de la taille
- 180 grammes Farine ordinaire
- 1 cuillère à soupe de sucre semoule
- Une pincée de sel
- Le zeste finement râpé de 1 citron
- 2 oeufs
- 60 millilitres de lait
- 60 millilitres de vin blanc sec
- 1 quartiers de citron et sucre glace

les directions

a) Tamiser la farine dans un bol avec le sucre et le sel. Ajouter le zeste de citron et les œufs, puis ajouter environ la moitié du lait et la moitié du vin. Commencez à fouetter les liquides dans la farine, en incorporant progressivement le reste du lait et du vin pour obtenir une pâte lisse.

b) Une à une, prenez les fleurs par leurs tiges et plongez-les dans la pâte. Soulevez et laissez couler l'excédent de pâte, puis glissez-le dans l'huile.

c) Au bout de deux minutes, le dessous doit être légèrement doré. Retournez les beignets et faites-les croustiller encore une minute. Égoutter sur du papier absorbant avant de servir.

56. Beignets de fleur de pissenlit

Rendement : 10 portions

Ingrédient

- 1 tasse de farine de blé entier
- 2 cuillères à soupe d'huile d'olive
- 2 cuillères à café de levure
- 1 tasse de fleurs de pissenlit
- 1 pincée de sel
- 1 oeuf
- Vaporisateur d'huile végétale antiadhésif
- $\frac{1}{2}$ tasse de lait faible en gras

les directions

a) Dans un bol, mélanger la farine, la poudre à pâte et le sel. Dans un autre bol, battre l'œuf, puis mélanger avec du lait ou de l'eau et de l'huile d'olive.

b) Mélanger avec le mélange sec. Incorporer délicatement les fleurs jaunes en prenant soin de ne pas les écraser.

c) Vaporiser légèrement une plaque chauffante ou une poêle à frire avec de l'huile végétale.
d) Chauffer jusqu'à ce qu'il soit bien chaud. Verser la pâte sur la plaque chauffante par cuillerées et cuire comme des crêpes.

57. Beignets de fleurs de sureau

Rendement : 1 portion

Ingrédient

- 8 Têtes de fleurs de sureau
- 110 grammes Farine ordinaire
- 2 cuillères à soupe d'huile de tournesol
- 150 millilitres de bière blonde ou d'eau
- 1 blanc d'oeuf
- huile de friture
- Sucre glace; tamisé
- quartiers de citron

les directions

a) Tamiser la farine et le sel ensemble et mélanger pour obtenir une pâte avec l'huile et la bière blonde. Laisser reposer dans un endroit frais pendant 1 heure. Battez le blanc d'œuf jusqu'à ce qu'il tienne en neige ferme. Incorporer l'œuf juste avant d'utiliser la pâte.

b) Faites chauffer un peu d'huile dans une sauteuse ou une friteuse. Trempez les têtes de fleurs dans la pâte, puis déposez-les dans l'huile chaude fumante et faites-les frire jusqu'à ce qu'elles soient dorées.

c) Égouttez les beignets sur du papier absorbant. Dresser dans un plat, saupoudrer de sucre glace tamisé et servir avec des quartiers de citron.

58. Beignets de pétales de rose

Rendement : 4 portions

Ingrédient

- 1 chaque bouquet de pétales de rose
- sucre glace
- sauce sucrée

les directions

a) Ajouter les pétales et mélanger délicatement.

b) Plonger dans l'huile chaude et faire frire jusqu'à ce qu'ils soient dorés.

c) Pour faire frire : Tremper des morceaux de nourriture dans la pâte. Frire dans 3-4 pouces de graisse à 375 degrés jusqu'à ce qu'ils soient dorés.

d) Égoutter sur du papier essuie-tout.

e) Saupoudrer les beignets de fruits de sucre glace ou napper d'une sauce sucrée.

FRITTERS DE VIANDE ET DE FRUITS DE MER

59. Beignets de poisson-chat

Rendement : 8 portions

Ingrédient

- 1 tasse de farine, tout usage
- 1 cuillère à café Sel & poivre
- 2 oeufs moyens
- 3 cuillères à soupe de beurre non salé; fondu, refroidi
- 1 tasse de lait, entier
- ½ livre Morue salée
- 1 piment fort; ensemencé
- 2 oignons verts de chaque ; finement haché
- 1 gousse d'ail ; écrasé
- 1 cuillère à soupe de persil; haché
- ½ cuillère à café de thym
- 1 baie de piment de la Jamaïque ; terre

les directions

a) Tamiser la farine et le sel dans un bol. Battre les œufs avec le beurre et ajouter au mélange de farine. Ajouter le lait graduellement, en remuant seulement pour mélanger. Ajouter plus de lait si la pâte est trop ferme.
b) Piquer le poisson au mortier avec du piment
c) Ajouter les oignons verts, l'ail, le persil, le thym, le piment de la Jamaïque et le poivre noir au goût. Incorporer à la pâte
d) Chauffer l'huile et faire frire le mélange en entassant des cuillères à soupe jusqu'à ce qu'il soit doré.

60. Beignets de morue

Rendement : 14 beignets

Ingrédient

- ½ livre Morue salée séchée, cuite et effilochée
- Huile végétale pour friture
- 1 tasse de farine tout usage non tamisée
- ½ cuillère à café de levure chimique
- ½ cuillère à café de poivre noir concassé
- ¼ cuillère à café de sel
- 2 Gros blancs d'œufs
- 2 gousses d'ail écrasées
- 2 cuillères à soupe de feuilles de coriandre fraîche hachées

les directions

a) Dans un grand bol, mélanger la farine, la poudre à pâte, le poivre noir concassé et le sel.
b) Dans un petit bol, battre les blancs d'œufs jusqu'à ce qu'ils soient mousseux. Ajouter les blancs d'œufs battus et l'eau

au mélange de farine pour créer une pâte. Ajouter la morue salée râpée, l'ail et les feuilles de coriandre fraîche hachées; remuer jusqu'à ce que le tout soit bien mélangé.

c) Par lots, déposez des cuillerées à soupe combles de pâte dans l'huile chaude et faites frire 12 minutes.
d) Égoutter sur du papier absorbant et servir chaud sur une assiette de service; garnir de coriandre.

61. Beignets de poisson et chair de crabe

Rendement : 1 portion

Ingrédient

- 12 onces de morue fraîche ou congelée
- 6 onces Imitation chair de crabe
- 2 Œufs; battu
- 1/2 tasse de farine
- 1 oignon vert; haché finement
- Poon cuillère à café de zeste de citron finement râpé
- 1 cuillère à café de jus de citron
- 1 gousse d'ail; écrasé
- $\frac{1}{4}$ cuillère à café de sel
- $\frac{1}{2}$ cuillère à café de poivre
- Huile de cuisson

les directions

a) Dans le bol d'un mélangeur ou d'un robot culinaire, mélanger le crabe de poisson, les œufs, la farine, l'oignon, le zeste de citron, le jus de citron, l'ail, le sel et le poivre. Couvrir et mélanger jusqu'à consistance lisse.

b) huiler légèrement la poêle et chauffer
c) Verser environ $\frac{1}{4}$ tasse de pâte dans la poêle et étaler en une galette de 3 pouces de diamètre
d) Cuire 3 minutes de chaque côté ou jusqu'à ce qu'ils soient dorés

62. paloudes du cap et beignets de maïs

Rendement : 1 portion

Ingrédient

- 2 Oeufs, bien battus
- ¼ tasse liquide de palourdes
- ¼ tasse de lait
- 1 cuillère à soupe d'huile
- 1 tasse de farine
- 1 cuillère à café de poudre à pâte Sel au goût
- 1 tasse de maïs en grains bien égoutté
- ½ tasse de palourdes hachées bien égouttées

les directions

a) Battre les œufs; ajouter le lait, le liquide des palourdes, l'huile et battre jusqu'à ce que le tout soit bien mélangé.
b) Incorporer la farine, la poudre à pâte et le sel au goût. Battre jusqu'à ce que le tout soit bien mélangé. Ajouter le maïs et les palourdes.

c) Déposer par cuillères à soupe bien arrondies dans l'huile chaude. Cuire jusqu'à ce qu'ils soient dorés des deux côtés. Égoutter sur du papier absorbant.

63. Beignets de conque

Rendement : 50 portions

Ingrédient

- 2 livres Conque, finement hachée
- 1 tasse de jus de citron vert
- $\frac{1}{4}$ tasse d'huile d'olive
- 1 Poivron vert
- 1 Poivron rouge
- 1 gros oignon, haché fin
- 4 Oeufs, battus
- 2 tasses de farine
- 1 cuillère à café de sel
- 1 cuillère à café d'assaisonnement cajun
- 6 tirets sauce Tabasco
- 3 cuillères à café de levure chimique
- 5 cuillères à soupe de margarine, fondue
- Huile végétale pour la friture

les directions

a) Demandez au marché aux poissons de mettre la conque dans un attendrisseur. Faire mariner la conque dans 1 tasse de jus de citron vert et $\frac{1}{4}$ tasse d'huile d'olive pendant au moins 30 minutes; drainer.

b) Mélanger tous les ingrédients ensemble. Frire dans de l'huile végétale CHAUDE jusqu'à ce qu'elle soit dorée, environ 3 à 5 minutes. Servir avec une sauce cocktail rouge ou une sauce tartare.

64. Beignets de palourdes en conserve

Rendement : 12 portions

Ingrédient

- 1 oeuf; bien battu
- ½ cuillère à café de sel
- ⅛ cuillère à café de poivre noir
- ⅔tasse Farine de blé blanche
- 1 cuillère à café de levure chimique
- ¼ tasse de bouillon de palourdes en conserve ou de lait
- 1 cuillère à soupe de beurre; fondu
- 1 tasse de palourdes en conserve hachées; drainé
- Huile ou beurre clarifié
- ¼ tasse de crème sure ou de yogourt
- 1 cuillère à café d'aneth; estragon ou thym

les directions

a) Mélanger délicatement tous les ingrédients ensemble, en ajoutant les palourdes en dernier. Déposez 2 cuillerées à soupe combles par beignet sur une plaque chauffante graissée chaude ou une poêle en fer.

b) Lorsque les bulles éclatent, retournez les beignets.

c) Servir chaud avec une cuillerée de crème sure aux fines herbes, de yogourt ou de sauce tartare.

65. Beignets de crabe et avocat

Rendement : 4 portions

Ingrédient

- 2 livres La chair de crabe
- Le sel
- 1 tasse d'oignons verts coupés en dés
- $\frac{1}{4}$ tasse de chapelure sèche
- 1 avocat moyen, pelé et coupé
- Huile de maïs pour friture
- Farine tout usage
- Oignon vert finement émincé
- 2 oeufs
- $\frac{1}{2}$ tasse de salsa au piment fort

les directions

a) Mélanger le crabe, 1 tasse d'oignons verts et l'avocat dans un grand bol. Mélanger les œufs, la salsa et le sel ; ajouter au crabe. Mélanger à la chapelure. Façonner le mélange en boules de $1\frac{1}{2}$ pouce.

b) Verser l'huile dans une grande poêle à une profondeur de 3 pouces.
c) Chauffer à 350 degrés
d) Saupoudrer les beignets de farine. Ajouter délicatement à l'huile par lots (ne pas trop encombrer) et cuire jusqu'à ce qu'ils soient dorés, environ 2 minutes de chaque côté.
e) Égoutter sur du papier absorbant. Transférer sur la plaque préparée et garder au chaud au four jusqu'à ce que tout soit cuit. Garnir de lamelles d'oignon vert et servir immédiatement

66. Beignets d'écrevisses

Rendement : 6 portions

Ingrédient

- 1 tasse de queues d'écrevisses
- $\frac{1}{4}$ tasse de piments, hachés
- $\frac{1}{4}$ tasse d'oignons verts, hachés
- 2 tasses de farine
- 1 cuillère à café de bicarbonate de soude
- $\frac{1}{2}$ cuillère à café de sel
- $\frac{1}{2}$ cuillère à café de bouillie de crabe liquide
- $\frac{1}{2}$ tasse de bouillon ou d'eau
- huile de friture

les directions

a) Ajouter les piments et les oignons verts aux écrevisses. Tamisez ensemble la farine, le bicarbonate de soude et le sel et ajoutez-les aux écrevisses.

b) Ajouter le bouillon ou l'eau et mélanger pour obtenir une pâte épaisse. Couvrir et laisser reposer $\frac{1}{2}$ heure.

c) Déposer la pâte à la cuillère et faire frire jusqu'à ce qu'elle soit dorée

67. Beignets de palourdes

Rendement : 4 portions

Ingrédient

- 1 pinte de palourdes
- 1 cuillère à soupe de levure chimique
- 1½ cuillère à café de sel
- 1 tasse de lait
- 1 cuillère à soupe de beurre
- 1 tasse de farine, tout usage
- 1 cuillère à café de persil, haché
- 2 Oeufs, battus
- 2 cuillères à café d'oignon, râpé

les directions

a) Mélanger les ingrédients secs. Mélanger les œufs, le lait, l'oignon, le beurre et les palourdes. Mélanger avec les ingrédients secs et remuer jusqu'à consistance lisse.

b) Déposer la pâte en utilisant des cuillerées à thé dans du shortening chaud à 350 degrés F et faire frire pendant 3 minutes, ou jusqu'à ce qu'elles soient dorées.

68. Beignets de crevettes au maïs

Rendement : 6 portions

Ingrédient

- 3 Épis de maïs grattés et hachés grossièrement
- ½ livre Crevettes moyennes décortiquées et déveinées,
- 1 cuillère à café d'ail haché
- ½ tasse d'échalotes finement hachées ou : Oignons verts
- 1 cuillère à café de coriandre moulue
- ¼ cuillère à café de cumin moulu
- 2 cuillères à soupe Feuilles de coriandre hachées
- 2 cuillères à soupe Farine
- 1 cuillère à café de sel
- 2 œufs, battus
- Huile d'arachide ou végétale pour la poêle
- sauce chili pour tremper

les directions

a) DANS UN GRAND BOL, mélanger le maïs, les crevettes, l'ail, les oignons verts, la coriandre moulue, le cumin, les feuilles de coriandre, la farine, le sel et les œufs. Chauffer une fine couche d'huile dans une poêle à feu moyen-vif. Verser $\frac{1}{4}$ tasse de mélange de maïs dans le moule. Ajoutez-en autant que possible dans la poêle avec $\frac{1}{2}$ pouce d'espace entre les beignets.

b) Frire jusqu'à ce qu'il soit doré et croustillant; tour. Cuire environ 1 minute de chaque côté. Retirer et égoutter sur du papier absorbant. Réserver au chaud pendant la cuisson des beignets restants.

69. Beignets de courge spaghetti à l'italienne

Rendement : 4 portions

Ingrédient

- 2 Œufs
- ½ tasse de fromage ricotta partiellement écrémé
- 1 once de parmesan râpé
- 3 cuillères à soupe de farine
- ½ cuillère à café de levure chimique
- 2 cuillères à café de légumes. huile
- ⅛ cuillère à café d'ail en poudre
- ½ cuillère à café d'origan séché
- ¼ cuillère à café de basilic séché
- 1 cuillère à soupe de flocons d'oignons hachés
- 2 tasses de spaghettis cuits

les directions

a) Dans le récipient du mélangeur, mélanger tous les ingrédients, sauf les spaghettis.

Mélanger jusqu'à consistance lisse. Ajouter des spaghettis

b) Verser le mélange sur une poêle antiadhésive préchauffée ou une plaque chauffante vaporisée de Pam. Cuire à feu vif jusqu'à ce qu'ils soient dorés des deux côtés, en les retournant avec précaution.

c) SAUCE : Mélanger une boîte de sauce tomate de 8 oz, $\frac{1}{4}$ de cuillère à café d'origan séché, $\frac{1}{8}$ de cuillère à café de poudre d'ail, $\frac{1}{4}$ de cuillère à café de basilic séché dans une petite casserole. Chauffer jusqu'à ce qu'il soit chaud et bouillonnant

d) Servir sur des beignets.

70. Beignets de homard

Rendement : 1 portion

Ingrédient

- 1 tasse de homard haché
- 2 oeufs
- ½ tasse de lait
- 1 tasse de farine
- 2 cuillères à café de levure
- Sel et poivre au goût

les directions

a) Chauffer la graisse profonde jusqu'à ce qu'un cube de pain dore en soixante secondes. Pendant que la graisse chauffe, battre les œufs jusqu'à ce qu'ils soient légers. Ajouter le lait et la farine tamisés avec la levure chimique, le sel et le poivre, puis incorporer le homard haché.

b) Déposer par petites cuillerées dans la graisse, faire frire jusqu'à coloration dorée. Égoutter sur du papier brun à four chaud. Servir avec une sauce au citron rapide.

71. Beignets de moules avec salsa

Rendement : 4 portions

Ingrédient

- 8 Moules vertes; hors de la coquille
- 6 gros œufs ; légèrement battu
- 50 millilitres de crème double
- 10 millilitres de pâte de poisson
- 2 cuillères à soupe de polenta
- 50 grammes d'oignons de printemps; découpé en tranches
- 400 grammes Kumera; bouilli puis épluché
- 1 petit oignon rouge; pelé et tranché
- 20 millilitres de jus de citron vert frais
- 2 Nachi ; noyau enlevé et
- 30 millilitres d'huile d'olive extra vierge

les directions

a) Coupez les moules en quartiers puis mélangez-les dans un bol avec les œufs, la crème, le nam pla, la polenta et la moitié de la ciboule. Enfin, mélangez le kumera.

b) Mélanger tous les autres ingrédients pour faire la salsa, y compris les oignons nouveaux restants, et laisser reposer pendant 30 minutes.

c) Faites chauffer une poêle et badigeonnez-la d'huile, puis faites soit 4 gros beignets, soit 8 petits beignets. Cuire jusqu'à ce qu'ils soient dorés d'un côté puis retourner et cuire l'autre côté.

72. Beignets de poulpe

Rendement : 8 portions

Ingrédients:

- 2 pieuvres d'environ 1 1/2 livre chacune
- 1 cuillère à café de sel
- 2 pintes L'eau
- 2 pintes De l'eau glacée avec de la glace
- 2 oignons moyens, pelés et émincés
- 2 œufs, battus
- 1 tasse de farine ou plus au besoin
- Sel et poivre au goût
- huile de friture

les directions

a) Plongez le poulpe dans une grande bouilloire avec de l'eau salée bouillant rapidement. Cuire à feu moyen-vif environ 25 minutes. Égoutter et plonger dans un bol rempli de glace et d'eau glacée. Avec une brosse grossière, grattez la peau violette. Couper les cuisses et hacher finement.

b) Jeter les têtes. Dans un bol, mélanger les oignons, les œufs, la farine, le sel et le poivre. Ajouter le poulpe haché et bien mélanger.
c) Façonner le mélange en galettes plates de $2\frac{1}{2}$ à 3 pouces. Chauffez environ $\frac{1}{2}$ pouce d'huile dans une grande poêle épaisse et faites frire les beignets de poulpe jusqu'à ce qu'ils soient bien dorés de chaque côté.
d) Sers immédiatement.

73. Beignets de crevettes

Rendement : 8 portions

Ingrédient

- $\frac{1}{2}$ tasse de lait
- $\frac{1}{2}$ tasse de farine auto-levante
- 1 tasse de crevettes crues; haché
- 1 tasse de riz cuit
- 1 oeuf
- $\frac{1}{2}$ tasse d'oignons verts; haché
- Sel et poivre au goût

les directions

a) Mélanger tous les ingrédients ensemble. Déposer par cuillère à café dans l'huile de cuisson chaude et faire frire jusqu'à ce qu'ils soient dorés.

b) Faire petit et servir en entrée.

74. Beignets de maïs aux huîtres

Rendement : 1 portion

Ingrédient

- 2 tasses de pulpe de maïs
- 2 œufs, séparés
- $\frac{1}{4}$ cuillère à café de poivre
- 2 cuillères à soupe de farine
- $\frac{1}{2}$ cuillère à café de sel

les directions

a) Du maïs en conserve ou frais peut être utilisé. Ajouter à la pulpe de maïs les jaunes d'œufs battus, la farine et l'assaisonnement. Ajouter les blancs d'oeufs battus en neige ferme et mixer.
b) Déposer par cuillerées de la taille d'une huître sur une poêle chaude beurrée et faire dorer.

75. Beignets de thon

Rendement : 3 portions

Ingrédient

- 1 tasse de farine
- 1 cuillère à café de levure chimique
- $\frac{1}{2}$ cuillère à café de sel
- 2 oeufs
- $\frac{1}{4}$ tasse de lait
- 1 boîte de thon, égoutté et émietté
- 6 1/2 ou 7 onces. Taille
- Flocons d'oignons séchés
- huile de friture

les directions

a) Tamiser la farine, la levure chimique et le sel dans un bol à mélanger. Bien battre les oeufs. Battre dans le lait. Mélanger les ingrédients liquides avec les ingrédients secs.
b) Remuer jusqu'à ce que toute la farine soit humidifiée. Incorporer le thon.

Déposer par cuillerées à thé dans l'huile chaude, 375 degrés.

c) Frire jusqu'à ce qu'ils soient dorés de tous les côtés. Égoutter sur du papier absorbant.

76. Beignets de poulet

Rendement : 6 portions

Ingrédient

- 20-minutes de temps de préparation
- 2 tasses de poulet ; finement haché cuit
- 1 cuillère à café de sel
- 2 cuillères à café de persil frais haché
- 1 cuillère à soupe de jus de citron
- 1 tasse de moutarde sèche
- 1 tasse de vinaigre de vin blanc
- 2 Œufs; temps de cuisson en minutes battues
- 1 tasse de farine
- 2 cuillères à café de levure
- ⅔tasse de lait
- $\frac{3}{4}$ tasse de miel
- $\frac{1}{4}$ cuillère à café de sel

les directions

a) Dans un grand bol, mélanger le poulet avec le sel, le persil et le jus de citron. Laisser reposer 15 minutes. Dans un autre grand bol, mélanger la farine, la poudre à pâte, l'œuf et le lait. Remuer pour bien mélanger.
b) Ajouter le mélange de farine au poulet et bien mélanger.
c) Déposer la pâte par cuillères à soupe dans l'huile chaude et faire frire par lots sans encombrement pendant 2 minutes, jusqu'à ce qu'elles soient dorées. Égoutter sur du papier absorbant et servir avec de la moutarde au miel pour tremper.
d) Préparer les directions de la moutarde au miel

77. Beignets de morceaux de boeuf

Rendement : 5 portions

Ingrédient

- 2 livres Rôti de bœuf cuit non assaisonné
- 6 cuillères à soupe de lait
- 1 cuillère à soupe de farine tout usage non blanchie
- 3 gros œufs battus
- $1\frac{1}{2}$ tasse de farine auto-levante
- 4 cuillères à café de sel
- $\frac{1}{4}$ cuillère à café de poivre

les directions

a) Mélanger le lait et la farine; incorporer aux œufs. Mélanger la farine auto-levante, le sel et le poivre.
b) Tremper les morceaux de rôti de bœuf dans le mélange d'œufs et les draguer dans le mélange de farine.
c) Faire frire dans de la graisse chaude jusqu'à ce qu'ils soient dorés et bien

chauds. Égoutter sur du papier absorbant et servir chaud.

78. Beignets d'œufs aux haricots et macaronis

Rendement : 6 portions

Ingrédient

- 1 livre Haricots verts, bouillis
- $\frac{1}{2}$ livre Macaroni ou ziti
- $\frac{3}{4}$ tasse de chapelure, sans saveur
- $\frac{1}{2}$ cuillère à café d'ail, haché finement
- Persil haché
- Sauce marinara
- 6 cuillères à soupe de parmesan, râpé
- 6 Oeufs, battus
- Sel poivre
- huile de friture

les directions

a) Ajouter la chapelure, le fromage, le persil, le sel, le poivre et l'ail aux œufs. Bien mélanger pour former une pâte.

b) Chauffer l'huile à feu moyen, lorsqu'elle est chaude, une goutte de pâte doit se raidir et flotter à la surface. Mettez dans la pâte une cuillerée à thé à la fois. Ne vous encombrez pas.

c) Lorsque les beignets ont gonflé, les retourner jusqu'à ce qu'ils forment une croûte dorée.

d) Mélanger les haricots verts, les macaronis et la sauce marinara dans un grand bol de service.

79. Beignets de maïs frais et de saucisses

Rendement : 24 portions

Ingrédient

- 1 tasse de farine tout usage, tamisée
- 1 cuillère à café de levure chimique
- 1 cuillère à café de sel
- $\frac{1}{8}$ cuillère à café de poivre
- $\frac{1}{4}$ cuillère à café de paprika
- 1 tasse de saucisses, cuites et émiettées
- 1 tasse de maïs frais en épi
- 2 jaunes d'œufs battus
- 2 cuillères à soupe de lait
- 2 blancs d'œufs, battus en neige ferme
- Huile de friture

les directions

a) Tamiser la farine, la levure chimique et les épices ensemble dans un bol à mélanger. Ajouter la saucisse, le maïs, les jaunes d'œufs et le lait; mélanger jusqu'à homogénéité. Incorporer les blancs d'œufs battus en neige ferme.

b) Déposez en entassant des cuillerées à thé dans de l'huile chauffée à 360 - 365 degrés.

c) Cuire 3 à 5 minutes en tournant pour dorer de tous les côtés. Égoutter sur du papier absorbant.

80. Beignets de maïs hot-dog

Rendement : 6 petits-fils

Ingrédient

- 6 œufs ; séparé
- 12 onces de maïs avec du poivre
- 6 Hot-dogs
- $\frac{1}{2}$ tasse de farine tout usage
- $\frac{1}{2}$ cuillère à café de sel
- 1 cuillère à soupe de sherry de cuisine

les directions

a) Battre les jaunes d'œufs jusqu'à ce qu'ils soient légers et mousseux; ajouter le maïs, les hot-dogs coupés en dés, la farine, le sel et le xérès. Mélangez très bien. Battre les blancs d'oeufs jusqu'à ce qu'ils se tiennent en pics. Incorporer les blancs d'œufs au mélange à hot dog en prenant soin de ne pas perdre l'air.

b) Faites frire sur une plaque chauffante chaude et légèrement graissée comme vous le feriez pour une crêpe, en utilisant environ $\frac{1}{4}$ de tasse du mélange par gâteau.

Servir aussitôt, bien chaud.

81. Beignets de viande coréens

Donne 4 portions

Ingrédient

- 2 livres Bifteck de pointe de surlonge
- 3 brins d'oignon vert, émincé
- 2 cuillères à soupe d'huile de graines de sésame
- 2 cuillères à café de graines de sésame
- ½ tasse de sauce soja
- 1 gousse d'ail, hachée
- 1 pincée de poivre noir
- 5 Œufs

les directions

a) Mélanger tous les autres ingrédients sauf les œufs et faire tremper la viande dans la sauce pendant une heure.

b) Fariner la viande et la tremper dans l'œuf légèrement battu, puis la faire revenir à feu moyen jusqu'à ce qu'elle soit dorée. Servir chaud avec de la sauce.

82. Beignets de parmesan et mozzarella

Rendement : 4 portions

Ingrédient

- 1 gousse d'ail; haché
- 2 mozzarellas mûres; râpé
- 1 petit œuf ; battu
- Quelques feuilles de basilic frais
- 70 grammes de parmesan; râpé
- 2 cuillères à soupe farine
- Sel et poivre

les directions

a) Mélanger la mozzarella, l'ail, le basilic, le parmesan et l'assaisonnement et lier avec l'œuf battu. Ajouter un peu de farine, façonner et laisser reposer au réfrigérateur environ 30 minutes.

b) Enrober légèrement de farine avant de faire frire

c) Le mélange doit être assez mou, car il se raffermit après avoir reposé au réfrigérateur pendant le temps requis.
d) L'huile dans la poêle ne doit pas être trop chaude sinon les beignets vont brûler à l'extérieur et seront froids au milieu.

83. Beignets à la ricotta et aux châtaignes

Rendement : 4 portions

Ingrédient

- 1 tasse de ricotta fraîche
- 3 gros oeufs
- Par tasse Fromage Parmigiano-Reggiano
- $\frac{1}{4}$ tasse Farine de châtaigne
- 1 tasse de châtaignes grillées finement hachées
- 1 boîte de filets d'anchois
- 6 gousses d'ail ; haché finement
- $\frac{1}{2}$ tasse d'huile d'olive extra vierge
- 6 cuillères à soupe de beurre non salé
- 1 litre d'huile d'olive pure

les directions

a) Dans un grand bol à mélanger, placez le fromage ricotta, 2 œufs et $\frac{1}{2}$ tasse de Parmigiano-Reggiano et mélangez bien. Avec vos mains, mélangez la farine de châtaigne jusqu'à ce qu'une pâte lisse comme un biscuit se forme

b) Dans un petit bol, battre l'oeuf restant. Prenez une petite quantité du mélange de ricotta et faites une boule de 2 pouces. Couvrir délicatement la boule avec l'œuf battu et, pendant qu'elle est encore humide, la draguer dans les marrons hachés

c) Pendant ce temps, mélanger les anchois avec leur jus, l'ail et ½ tasse d'huile d'olive dans une petite casserole et remuer à feu moyen. Écraser les anchois en purée. Incorporer le beurre 1 cuillère à soupe à la fois jusqu'à ce qu'il soit fondu et lisse

d) Frire les boules de ricotta dans l'huile chaude jusqu'à ce qu'elles soient dorées

Beignets au fromage et aux produits laitiers

84. Beignets de Bâle au fromage

Rendement : 1 portion

Ingrédient

- 4 tranches de pain
- 1 once de beurre
- 3 oignons
- 4 tranches de gruyère
- Paprika

les directions

a) Frire légèrement le pain des deux côtés dans du beurre et disposer sur une plaque à pâtisserie. Verser de l'eau bouillante sur les oignons finement hachés et laisser reposer un instant. Videz l'eau et faites revenir les oignons dans le reste du beurre jusqu'à ce qu'ils soient tendres.

b) Étaler finement les oignons sur le pain et recouvrir chaque tranche d'une tranche de fromage.

c) Saupoudrer de paprika et cuire dans un four très chaud (445 degrés F / Gas mark 8) jusqu'à ce que le fromage fonde. Servir aussitôt.

85. Beignets aux fines herbes avec trempette au yogourt et aux abricots

Rendement : 6 portions

Ingrédient

- 3 Œufs; légèrement battu
- 150 grammes de mozzarella; râpé
- 85 grammes de parmesan fraîchement râpé
- 125 grammes de chapelure fraîche
- $\frac{1}{2}$ oignon rouge; haché finement
- $\frac{1}{4}$ cuillère à café de flocons de piment rouge
- 2 cuillères à soupe de marjolaine fraîche
- 2 cuillères à soupe de ciboulette hachée grossièrement
- 5 cuillères à soupe de persil plat haché
- 1 poignée de feuilles de roquette ; haché grossièrement
- 1 poignée de pousses d'épinards; haché
- Sel et poivre & huile de tournesol
- Yaourt grec en tube de 500 grammes

- 12 Abricots secs prêts à manger; finement coupé en dés
- 2 gousses d'ail & menthe fraîche hachée

les directions

a) Mélanger les ingrédients du beignet, à l'exception de l'huile et du beurre, jusqu'à consistance épaisse et assez solide. Lier avec de la chapelure si humide.
b) Mélanger les ingrédients de la sauce juste avant de l'utiliser. Versez 1cm/½" d'huile dans une poêle, ajoutez le beurre et faites chauffer jusqu'à ce qu'il soit trouble.
c) Mouler des beignets de forme ovale en appuyant fermement avec la main pour le compacter. Frire dans l'huile pendant 2-3 minutes jusqu'à ce qu'ils soient croustillants.

86. Beignets au fromage de Berne

Rendement : 1 portion

Ingrédient

- 8 onces   Gruyère râpé
- 2 oeufs
- $2\frac{1}{2}$ onces liquides de lait
- 1 cuillère à café de Kirsch
- Graisse pour la friture
- 6 tranches de pain

les directions

a) Mélanger le fromage râpé avec les jaunes d'œufs, le lait et le kirsch. Incorporer les blancs d'œufs battus et étaler le mélange sur le pain.
b) Faire chauffer la graisse dans une grande poêle et déposer le pain, côté fromage vers le bas, dans la graisse chaude
c) Lorsque les tranches deviennent dorées, retournez-les et faites-les frire brièvement de l'autre côté.

87. Beignets de haricots, maïs et cheddar

Rendement : 5 portions

Ingrédient

- $\frac{1}{2}$ tasse de semoule de maïs jaune
- $\frac{1}{2}$ tasse de farine blanche non blanchie
- $\frac{1}{2}$ cuillère à café de levure chimique
- Cumin moulu, poivre de Cayenne, sel et poudre de chili
- $\frac{1}{2}$ tasse de lait
- 1 jaune d'oeuf et 2 blancs d'oeuf
- 1 tasse de haricots noirs; cuit
- 1 tasse de fromage Cheddar fort
- $\frac{1}{2}$ tasse de maïs frais; ou grains de maïs surgelés
- 2 cuillères à soupe de coriandre; haché frais
- Poivrons rouges et piments verts, Rôtis

les directions

a) Mélanger la semoule de maïs, la farine, la poudre à pâte, le sel, la poudre de chili, le cumin et le poivre de Cayenne dans un bol de taille moyenne.

b) Battre le lait avec le jaune d'oeuf, et l'ajouter aux ingrédients secs en mélangeant bien. Incorporer les haricots, le fromage, le maïs, la coriandre, le poivron rouge et les piments verts. Incorporer délicatement les blancs d'œufs.

c) Chauffer la $\frac{1}{2}$ tasse d'huile dans une poêle de 10 pouces à feu moyen-vif. Verser environ $\frac{1}{4}$ tasse de pâte pour chaque beignet et faire frire jusqu'à ce qu'il soit doré.

88. Beignets de mozzarella et spaghettis

Rendement : 2 portions

Ingrédient

- 2 gousses d'ail
- 1 petit bouquet de persil frais & 3 oignons à salade
- 225 grammes de porc haché maigre
- Parmesan fraîchement râpé et mozzarella fumée
- 150 grammes Spaghetti ou tagliatelles
- 100 millilitres de bouillon de boeuf chaud
- 400 grammes de tomates en boîte
- 1 pincée de sucre et 1 trait de sauce soja
- Sel et poivre
- 1 œuf et 1 cuillère à soupe d'huile d'olive
- 75 millilitres de lait
- 50 grammes Farine ordinaire; plus un supplément pour le dépoussiérage

les directions

a) Mélangez l'ail, les oignons à salade, l'ail, le parmesan, le persil et beaucoup de sel et de poivre. Former huit boules fermes. Faites chauffer l'huile dans une grande poêle et faites cuire les boulettes de viande. Verser le bouillon.
b) Faire cuire les tomates hachées, le sucre, le sel et le poivre et les ajouter aux boulettes de viande
c) Battre l'huile, le lait, la farine et un peu de sel dans le jaune pour obtenir une pâte épaisse et lisse. Trancher finement la mozzarella, puis saupoudrer de farine. Ajouter les jaunes d'œufs et incorporer les blancs d'œufs battus.
d) Tremper les tranches de mozzarella farinées dans la pâte et cuire deux minutes de chaque côté jusqu'à ce qu'elles soient croustillantes et dorées.

89. Beignets d'emmenthal

Rendement : 1 personne

Ingrédient

- 1 grande tranche de pain
- 1 tranche de jambon
- 1 cuillère à soupe de beurre
- 1 tranche d'emmenthal
- Sel poivre
- 1 oeuf

les directions

a) Faire légèrement griller le pain. Frire brièvement le jambon, déposer sur du pain, recouvrir de fromage et assaisonner.

b) Placer dans un four assez chaud et laisser fondre le fromage, ou dans une poêle couverte au-dessus de la cuisinière.

c) Au dernier moment, garnir le fromage d'un œuf au plat.

90. Beignets de cheddar à la semoule de maïs

Rendement : 1 portion

Ingrédient

- 1 tasse de semoule de maïs
- 1 tasse de Cheddar fort râpé
- $\frac{1}{2}$ tasse d'oignon râpé
- Min cup Poivron rouge émincé
- 1 cuillère à café de sel
- Cayenne, au goût
- $\frac{3}{4}$ tasse d'eau bouillante
- Huile végétale pour la friture
- Sauce piquante de style Louisiane, par exemple de marque Crystal

les directions

a) Dans un bol, mélanger la semoule de maïs, le cheddar, l'oignon, le poivron, le sel et le poivre de Cayenne.

b) Incorporer l'eau bouillante et bien mélanger.

c) Dans une poêle épaisse ou une friteuse, chauffer 3 pouces d'huile végétale à 350 F.
d) Déposer 6 cuillerées de pâte dans l'huile et faire frire pendant 2-3 minutes ou jusqu'à ce qu'elles soient dorées.

91. Beignets de camembert

Rendement : 10 portions

Ingrédient

- 3 cuillères à soupe Beurre / margarine
- 3 cuillères à soupe de farine tout usage
- 1 tasse de lait
- 4 onces Le camembert
- Sel au goût
- Poivre de Cayenne au goût
- 1 œuf large
- 1 cuillère à soupe de beurre/margarine
- $\frac{1}{2}$ tasse de chapelure fine

les directions

a) Faire fondre le beurre dans une casserole à fond épais. Chauffer. Incorporer rapidement la farine. Ajouter le lait petit à petit en remuant bien. Porter à ébullition, ajouter le fromage à la sauce et remuer jusqu'à ce qu'il soit fondu. Ajouter du sel et du poivre de Cayenne au goût.

b) Étendre le mélange à $\frac{3}{4}$ de pouce d'épaisseur sur une plaque à pâtisserie. Couper le mélange de fromage en carrés.
c) Battre les œufs avec l'eau. Rouler les morceaux de fromage dans la chapelure, puis les tremper dans le mélange d'œufs. Roulez-les à nouveau dans la chapelure et secouez l'excédent de chapelure.
d) Déposez les morceaux de fromage quelques uns à la fois dans l'huile. Frire juste jusqu'à ce qu'ils soient dorés.

92. Beignets de chou-fleur au cheddar

Rendement : 24 portions

Ingrédient

- $1\frac{1}{2}$ tasse de farine tout usage
- 2 cuillères à café de levure
- $\frac{1}{2}$ cuillère à café de sel
- 2 tasses de chou-fleur en dés
- 1 tasse de fromage cheddar râpé
- 1 cuillère à soupe d'oignon coupé en dés
- 1 œuf large
- 1 tasse de lait
- Huile végétale

les directions

a) Combiner les 3 premiers ingrédients dans un grand bol; incorporer le chou-fleur, le fromage et l'oignon.

b) Fouetter ensemble l'oeuf et le lait. Ajouter au mélange de farine, en fouettant jusqu'à ce qu'il soit humecté.

c) Versez l'huile végétale à une profondeur de 2 pouces dans un faitout; chauffer à 375 degrés F.
d) Déposer la pâte par cuillerées à soupe combles dans l'huile et faire frire 1 minute de chaque côté ou jusqu'à ce que les beignets soient dorés.
e) Bien égoutter sur du papier absorbant et servir immédiatement.

93. Beignets de pommes de terre farcis au fromage

Rendement : 5 portions

Ingrédient

- 2 livres de pommes de terre au four, cuites
- ⅓ tasse de beurre, ramolli
- 5 Jaune d'oeuf
- 2 cuillères à soupe de persil
- 1 cuillère à café de sel
- ½ cuillère à café de poivre
- Pincée de muscade
- 4 onces de fromage mozzarella
- Farine tout usage
- 2 gros œufs, légèrement battus
- 1 tasse de chapelure italienne

les directions

a) Combiner les pommes de terre et le beurre dans un grand bol à mélanger; battre à vitesse moyenne au batteur électrique jusqu'à consistance lisse.

Ajouter les jaunes et les 4 ingrédients suivants en remuant bien. Diviser le mélange de pommes de terre en 10 portions. Enrouler chaque portion autour d'une tranche de fromage; formant un ovale.

b) Saupoudrez légèrement chacun de farine; tremper dans l'œuf battu et draguer dans la chapelure italienne. Réfrigérer 20 minutes.

c) Verser l'huile à une profondeur de 4 pouces dans un faitout Chauffer à 340 degrés. Frire les beignets quelques uns à la fois, 8 minutes, en les retournant une fois.

94. Beignets de gruyère

Rendement : 1 portion

Ingrédient

- 4 tranches de pain grillé, chacune de 1 3/8 pouces d'épaisseur
- $2\frac{1}{2}$ once liquide vin blanc
- 5 onces Gruyère, râpé
- 1 oeuf
- Paprika
- Poivre

les directions

a) Humidifiez les tranches de pain grillé avec un peu de vin et disposez-les sur une plaque à pâtisserie.
b) Mélangez le reste du vin avec le fromage, l'œuf et les épices jusqu'à obtenir une pâte assez épaisse et étalez sur les toasts.
c) Saupoudrer de plus de paprika et de poivre.
d) Cuire brièvement dans un four très chaud (445 degrés F / Gas mark 8) jusqu'à ce

que le fromage commence à fondre, servir immédiatement.

95. Beignets de noix de pécan enrobés de chocolat

Rendement : 4 boîtes

Ingrédient

- 2 paquets de caramels à la vanille ; 6 onces. ch.
- 2 cuillères à soupe de lait, évaporé
- 2 tasses de moitiés de noix de pécan
- 8 onces Choc du lait. bar; brisé en carrés
- ⅓ barre de paraffine ; brisé en morceaux

les directions

a) Mélanger les caramels et le lait dans le haut du bain-marie ; chauffer jusqu'à ce que les caramels fondent, en remuant constamment. Battre avec une cuillère en bois jusqu'à consistance crémeuse; incorporer les pacanes. Déposer par cuillerées à thé sur du papier ciré beurré; laisser reposer 15 minutes.

b) Mélanger le chocolat et la paraffine en haut du bain-marie ; chauffer jusqu'à ce qu'il soit fondu et lisse, en remuant de temps en temps.
c) À l'aide d'un cure-dent, tremper chaque beignet dans le mélange de chocolat
d) Placer sur du papier ciré pour refroidir.

96. Beignets de choux

Rendement : 1 portion

Ingrédient

- $\frac{1}{2}$ tasse de beurre ou de margarine
- 1 tasse d'eau bouillante
- $\frac{1}{4}$ cuillère à café de sel
- 1 tasse de farine
- 4 œufs
- 4 tasses d'huile végétale; (12 onces)
- Sucre en poudre

les directions

a) Mélanger le beurre, l'eau bouillante, le sel et la farine dans une casserole à feu modéré.

b) Battre vigoureusement le mélange jusqu'à ce qu'il se détache des parois du moule et forme une boule. Retirer du feu et laisser refroidir légèrement.

c) Verser dans un mélangeur ou un robot culinaire avec une lame en acier et ajouter les œufs un à la fois, en battant bien après chaque ajout.

d) Lorsque tous les œufs ont été ajoutés et que le mélange est épais, il doit conserver sa forme lorsqu'il est soulevé avec une cuillère.
e) Tremper une cuillère à soupe d'abord dans l'huile chaude, puis dans la pâte.
f) Déposer délicatement des cuillerées à soupe de pâte dans l'huile chaude et cuire jusqu'à ce qu'elles soient dorées de tous les côtés. Retirer de l'huile avec une écumoire et égoutter sur du papier absorbant.

97. Beignets de pudding de Noël

Rendement : 1 portion

Ingrédient

- 25 grammes Farine auto-levante
- 125 millilitres de bière
- 125 millilitres de lait
- 125 millilitres d'eau froide
- 1 Reste de pudding de Noël
- 1 Farine ordinaire
- 1 Friteuse à l'huile

les directions

a) Mélanger les quatre premiers ingrédients pour faire une pâte. Laisser reposer 20 minutes.
b) Faites chauffer la friteuse à 180°C.
c) Coupez le pudding en cubes ou en doigts, roulez-le dans la farine puis trempez-le dans la pâte. faire frire jusqu'à ce qu'ils soient dorés.
d) Égoutter sur un torchon et servir.

98. Beignets à la cannelle

Rendement : 1 portion

Ingrédient

- 1 tasse d'eau chaude
- ⅓ coupe Shortening
- 2 tasses de farine
- $\frac{1}{2}$ tasse) de sucre
- 1 cuillère à soupe de cannelle
- Le sel
- 2 cuillères à café de levure
- Huile pour friture
- $\frac{1}{4}$ Cannelle
- $\frac{1}{2}$ tasse de sucre semoule

les directions

a) Faire fondre le shortening dans l'eau chaude. Incorporer la farine, le sucre, la cannelle, le sel et la levure chimique. Bien mélanger.

b) Rouler en boule et réfrigérer la pâte pendant au moins 1 heure. Chauffez 1 "d'huile végétale à 375 dans une friteuse ou une poêle. Cassez de petits morceaux de pâte et roulez-les en boules.

c) Faire frire pendant 3-4 minutes jusqu'à ce que brun

d) Retirer de l'huile chaude avec une écumoire. Égoutter sur du papier absorbant et laisser refroidir quelques minutes sur une grille. Mélanger la cannelle et le sucre ensemble dans un bol.

e) Rouler les beignets chauds à la cannelle dans le mélange de sucre pour les enrober complètement. Servir chaud.

99. beignets français

Rendement : 1 portion

Ingrédient

- 2 oeufs; séparé
- ⅔tasse de lait
- 1 tasse de farine ; tamisé
- ½ cuillère à café de sel
- 1 cuillère à soupe de beurre; fondu
- 2 cuillères à soupe de jus de citron
- 1 citron ; couenne râpée
- 2 cuillères à soupe de sucre
- 4 Pommes ou oranges, ananas
- Figues ou poires

les directions

a) Saupoudrez les tranches de fruits de votre choix avec le zeste de citron et le sucre et laissez reposer 2 à 3 heures. Égoutter et tremper dans la fine pâte à beignets.

b) Pâte : Battre ensemble au batteur, les jaunes d'œufs, le lait, la farine, le beurre salé et le jus de citron. Incorporer les blancs d'œufs battus en neige ferme.
c) Frire dans la graisse profonde 375
d) Égouttez et servez chaud avec 10xsucre, ou un sirop sucré ou une sauce.

100. Suvganiot

Rendement : 20 ou 25

Ingrédient

- 1 tasse d'eau chaude
- 1 sachet de levure sèche
- 1 cuillère à soupe de sucre
- 4 tasses de farine tout usage
- 1 tasse de lait chaud
- 1 cuillère à soupe de beurre non salé (fondu)
- 1 cuillère à soupe d'huile
- 1 oeuf
- 2 cuillères à café de sel
- 3 cuillères à soupe de sucre
- Confiture à votre goût
- Sucre et cannelle à saupoudrer

les directions

a) Mélanger les ingrédients de la levure et laisser reposer 10 minutes.

b) Mélanger le mélange de levure avec tous les ingrédients sauf la farine. Mélangez lentement la farine et travaillez bien. Laisser reposer 3 heures. Frire dans l'huile chaude et profonde, en mesurant la pâte avec une grande cuillère.
c) Tourner une fois pour dorer uniformément. Égoutter sur du papier absorbant. Une fois refroidi, remplir avec la confiture et saupoudrer de sucre et de cannelle.

CONCLUSION

Sucré ou salé, l'humble beignet est délicieusement polyvalent. Croustillant et chaud de la poêle à frire est notre meilleure façon préférée de profiter du plat à base de pâte, en particulier dans le cadre d'un petit-déjeuner paresseux le week-end.

Avec un peu de soin, il est facile de faire des beignets maison qui sont une gâterie riche et décadente, convenant au petit-déjeuner, au dîner, au dessert ou tout simplement comme collation. Il existe une grande variété de recettes de beignets dans ce livre à essayer qui plairont à coup sûr à presque tout le monde.

Avant de commencer à faire des beignets, trouvez la bonne pâte qui convient à votre cuisine et à vos papilles gustatives. Essayez cette recette de pâte à frire de base qui utilise de l'huile de noix de coco au goût léger pour une saveur rafraîchissante. Mélangez votre choix de différentes garnitures, du sucré et fruité à la viande et salé.

CPSIA information can be obtained
at www.ICGtesting.com
Printed in the USA
LVHW080427110222
710600LV00025B/193

9 781803 507668